A BRIEF HISTORY OF
ECONOMIC THOUGHT

经济思想史纲要

林卫斌　著

经济管理出版社
ECONOMY & MANAGEMENT PUBLISHING HOUSE

图书在版编目（CIP）数据

经济思想史纲要/林卫斌著 . —北京：经济管理出版社，2022.11
ISBN 978-7-5096-8611-9

Ⅰ . ①经… Ⅱ . ①林… Ⅲ . ①经济思想史—世界 Ⅳ . ①F091

中国版本图书馆 CIP 数据核字（2022）第 217188 号

组稿编辑：陆雅丽
责任编辑：张馨予　康国华
责任印制：黄章平
责任校对：陈　颖

出版发行：经济管理出版社
　　　　　（北京市海淀区北蜂窝 8 号中雅大厦 A 座 11 层　100038）
网　　址：www. E-mp. com. cn
电　　话：(010) 51915602
印　　刷：唐山昊达印刷有限公司
经　　销：新华书店
开　　本：720mm×1000mm/16
印　　张：12. 75
字　　数：157 千字
版　　次：2022 年 12 月第 1 版　2022 年 12 月第 1 次印刷
书　　号：ISBN 978-7-5096-8611-9
定　　价：68. 00 元

前　言

本书是在我为北京师范大学本科生开设的全校通识课"经济思想史"的基础上写作而成的。现有的《经济思想史》（或《经济学说史》《经济分析史》《经济学史》）著作大都是大部头、大厚本。本书力求用最精炼的语言阐释从古希腊到当前两千多年来人类对经济问题思考中所产生的主要的经济思想及其演进。

另外，现有的《经济思想史》著作大都是译作，有许多表述并不符合中国人的语言习惯，甚至出现了许多翻译上的问题，比如新古典经济学（Neo-classical）与新兴古典经济学（New Classical），新古典凯恩斯主义（Neo-Keynesian）和新凯恩斯主义（New Keynesian）等概念。本书在理解各流派经济思想的基础上，用更加符合中国人语言习惯的表述方式撰写，可读性更强。

在具体的章节结构安排上，本书在综合现有《经济思想史》著作的基础上，进行了全新的安排，以更好地体现经济思想发展的脉络。仅举两例：例一，在第四篇《从古典政治经济学到新古典经济学》中，在《马歇尔的综合及新古典经济学的建立》这一章之后专门安排《新古典主义》一章，系统介绍马歇尔同时代及 20 世纪 20 年代经济学家对马歇尔经济思想的完善与拓展，从帕累托、奈特、庇古、费雪等人的分析中更好地体现了新古典主义的核心思想。同时，通过《新古典主义批判》一节，将制度主义和奥地利学派作为新古典主义经济思想的批判者一起介绍，一方面可以从另外一个侧面更好地理解新古典主义，另一方面也对比了反对新古典主义静态均衡的两种截然不同的经济思想。例二，在第五篇《从新古典经济学到现代经济学》中，按照三条不同的主线，介绍了在新古典经济学（及其反思）基础上经济思想的发展，一是新古典经济学的形式主义革命及一般均衡理论的发展；二是放开完全竞争的前提假设，发展出了一系列更加贴近现实的经济思想；三是在凯恩斯革命基础上发展出了现代宏观经济学。

　　希望本书可以帮助读者在较短时间内建构经济思想的大体蓝图及其发展脉络。当然，书中的不足或不妥之处，恳请读者批评指正。

林卫斌

2022 年 8 月 18 日

目　录

第三篇 从古典政治经济学到新古典经济学

第四篇　从新古典经济学到现代经济学

导　论

"经济思想史"（History of Economic Thought）[①] 又称"经济学说史"（History of Economic Theory）[②]、"经济分析史"（History of Economic Analysis）[③]、"经济学史"（The History of Economics）[④]，其本质是经济学的学科发展史，旨在阐明经济学的来龙去脉（"前世今生"），即经济学作为一门学科是如何产生的，又是如何一步步发展到今天的。

一、什么是经济学

什么是经济学？在本门学科专业领域最被广泛引用的定义是由英国经济学家罗宾斯（Lionel Robbins）在 1932 年出版的《经济科学的性质和意

[①] 莱昂内尔·罗宾斯. 经济思想史：伦敦经济学院讲演录 [M]. 杨玉生译. 北京：中国人民大学出版社，2008. 哈里·兰德雷斯，大卫·C. 柯南德尔. 经济思想史（第四版）[M]. 周文译. 北京：人民邮电出版社，2014. 斯坦利·L. 布鲁，兰迪·R. 格兰特. 经济思想史（第 8 版）[M]. 邸晓燕等译. 北京：北京大学出版社，2014.

[②] Jürg Niehans. A History of Economic Theory：Classic Contributions，1720-1980 [M]. Johns Hopkins University Press，1994. 鲁友章，李宗正. 经济学说史 [M]. 北京：人民出版社，1983.

[③] 约瑟夫·熊彼特. 经济分析史 [M]. 朱泱等译. 北京：商务印书馆，2005. 英格里德·H. 里马. 经济分析史（第七版）[M]. 陈勇勤、刘星译. 北京：中国人民大学出版社，2016. 罗杰·E. 巴克豪斯. 现代经济分析史 [M]. 晏智杰译. 成都：四川人民出版社，1992.

[④] 罗杰·E. 巴克豪斯. 西方经济学史 [M]. 莫竹芩、袁野译. 海口：海南出版社，2007. E. 雷·坎特伯里. 经济学简史：处理沉闷科学的巧妙方法 [M]. 礼雁冰等译. 北京：中国人民大学出版社，2011.

义》一书中给出的："经济学是研究人类行为的科学，这里的人类行为是指目的和稀缺手段之间的关系，两者可以替换使用。"① 按照罗宾斯的定义，经济学研究的是人类的经济行为，是稀缺资源的优化配置问题。正如萨缪尔森（Paul A. Samuelson）和诺德豪斯（William D. Nordhaus）在其经典的入门级教科书《经济学》中所指出的，"稀缺"（scarcity）和"效率"（efficiency）是经济学的双重主题，"经济学的精髓之一在于承认稀缺性是一种现实存在，并探究一个社会如何进行组织才能最有效地利用其资源。这一点，可以说是经济学伟大而独特的贡献"②。

在英国经济思想史学家巴克豪斯（Roger E. Backhouse）看来，罗宾斯对经济学的定义代表了阐述经济问题的本质的一个非常专业同时也非常具有限制性的观点，尚无法捕捉到一切经济问题的普遍性。比如，在经济大萧条时期，全世界面临的主要经济问题都是巨大的资本和劳动力资源闲置，在这样的背景下探讨资源的稀缺性问题恐怕令人啼笑皆非。巴克豪斯认为应该把普遍适用于一切社会制度的更为基本的经济问题联系起来定义经济学，而不是只与存在于某些社会制度的经济现象相联系。即使是在没有市场、企业、股票交易、货币等经济现象的社会里，也面临着如何生产物品、如何分配等经济问题。因此，从更广阔的视野来看，经济学研究的是财富的生产、分配和消费等问题，或者更准确地说，是如何组织生产，以满足人类需要③。简单、宽泛、通俗地讲，经济学是关于经济现象和经济问题的学科。

---

① 莱昂内尔·罗宾斯. 经济科学的性质和意义 [M]. 朱泱译. 北京：商务印书馆，2000.
② 保罗·萨缪尔森，威廉·诺德豪斯. 经济学（第 19 版）[M]. 萧琛主译. 北京：人民邮电出版社，2012.
③ 罗杰·E. 巴克豪斯. 西方经济学史 [M]. 莫竹芩、袁野译. 海口：海南出版社，2007.

二、经济学的功能

经济学有什么用？这是一个经常被问及的问题。解释经济现象是最被经济学家们广泛认可的经济学功能，占有相当比重的经济学家甚至认为这是经济学的唯一功能。经济学有以下三个功能：

经济学的第一个功能是解释经济现象或者认知世界，其核心是回答"为什么""是什么"两大类问题。对于第一类问题，比如穷国为什么穷、富国为什么富？[①] 为什么好年景和大丰收反而降低了农民的收入、为什么基因高度相似的双胞胎的风险偏好却可能存在很大差异。对于第二类问题，比如衡量一个国家或者地区富裕程度的标准是什么、城镇化进程中人口从农村转移到城市是增加还是减少了能源消费、学历越高的人能力越强吗？当然，经济现象纷繁复杂，正如世界之大，单纯依靠人的肉眼无法认知世界，需要借助地图一样，认知经济世界需要经济理论和模型。经济理论和模型与地图一样，都是对纷繁复杂的世界的一种抽象，只保留认知特定问题所需要的关键信息而省略掉其他信息。比如，科斯（Ronald H. Coase）[②] 把分工的组织方式抽象为市场交易和企业内部科层组织两种，并运用所提出的交易成本理论解释了企业为什么会存在。再比如，马克思（Karl Heinrich Marx）从商品中抽象出价值——凝结在商品中的无差别的人类劳动，并运用所提出的劳动价值论和剩余价值理论揭示了资本主义生产关系中"剥削"的本质，即资本家对工人劳动所创造的剩余价值的占有。如果没有经济学的这种抽象，就无法科学地解释经济现象并透过现象

[①] 埃里克·S. 赖纳特. 富国为什么富　穷国为什么穷 [M]. 杨虎涛、陈国涛等译. 北京：中国人民大学出版社，2010.

[②] 罗纳德·哈里·科斯，新制度经济学的鼻祖，1991 年诺贝尔经济学奖的获得者，代表作有《企业的性质》和《社会成本问题》。

看到本质，也无法认知经济世界。可以说，经济理论和模型就是认知世界的"经济地图"。

经济学的第二个功能是解决经济问题或者说改造世界。中世纪后经济思想在西方社会逐步盛行的一个重要的时代背景就是欧洲单一民族国家的兴起，增强国力是当时各国的普遍诉求，而经济实力是国力的关键，众多思想被用于构想政策。因此，16世纪至18世纪经济学探讨的核心问题是如何使国家更加富裕，这可以从被誉为"现代经济学之父"的亚当·斯密（Adam Smith）的经典著作《国民财富的性质和原因的研究》（简称《国富论》）一书的书名得以印证。以亚当·斯密的《国富论》为根基的古典政治经济学具有深刻的经济政策烙印，通过分析财富的生产、分配、交换和消费等议题，探讨如何增加社会财富①，即最后聚焦于"怎么办"的问题。古典政治经济学之后，经济学的首要功能逐步让位于解释经济现象和认知世界，但政策功能从未消失，尤其是基于坚实理论认知的政策构想始终影响甚至左右着各国的经济政策。

经济学的第三个功能是预测未来，即基于对经济现象的规律性认知，对经济变量的未来走势进行预测。当然，经济学的预测功能广受质疑，因为经济学是对已经发生的经济现象的解释，而未来并不是过去的简单的趋势外推，可能发生"黑天鹅"事件和结构性变化，所以解释能力强的经济理论和模型未必能有效预测未来。实践中运用经济学预测功能的一个典型案例是美国长期资本管理公司（Long - Term Capital Management, LTCM）。1994年，华尔街债券套利之父梅里韦瑟（John Meriwether）联合因期权定价公式获1997年诺贝尔经济学奖的默顿（Robert Merton）和斯科尔斯（Myron Scholes）、美国前财政部副部长及联储副主席莫里斯

---

① 秩序和财富是社会科学永恒的两大核心研究主题。

（David Mullis）及前所罗门兄弟债券交易部主管罗森菲尔德（Eric Rosen-feld）等组建了长期资产管理公司，LTCM 将金融市场历史交易资料与已有的理论、研究报告和市场信息有机结合，利用计算机处理大量的历史数据，通过连续而精密的计算得到两种不同金融工具间的正常历史价差，并基于"不合理"的市场价差进行套利性投资。1994~1997 年，LTCM 业绩辉煌骄人，开创了基金业有史以来最迅速的成长奇迹。然而，1998 年俄罗斯金融风暴引发了全球金融动荡，LTCM 巨额亏损，濒临破产，最后由美国联邦储备系统（以下简称美联储）出面，组织以美林、高盛、JP 摩根等为首的金融机构共同接管了该公司。LTCM 的案例表明，建立在历史统计基础上的模型，不可能完全涵盖未来现象。

三、经济思想史的内容及本书的安排

理解了经济学的性质和意义后，经济思想史的主要内容就容易确定了。如果说经济学是关于经济现象和经济问题的学科，那么，经济思想史的要义就是要了解不同时代的经济学家（知识分子）重点关注哪些经济现象、试图解决哪些经济问题；了解不同时代背景下的经济学家如何观察、感知、理解经济现象，如何解决经济问题；了解不同时代背景下的经济学家对经济现象和经济问题的研究形成了哪些认知（理论）；纵览经济学发展历程，体悟经济学核心思想。

本书按照经济学的发展历程共分为四篇。

第一篇亚当·斯密之前的经济思想，之所以以此为分界，是因为亚当·斯密第一次成功地系统化了前人的经济思想。原则上，只要是人类对经济现象和经济问题的思考都可以纳入经济思想史的范畴，尽管因为普通常识在经济学领域流传更广而使经济问题激发人类好奇心所需要的时间较

之自然现象，甚至较之哲学、政治问题更长，但经济思想的起源依然难以追溯①。按照熊彼特（Joseph Schumpeter）的观点，人类对经济问题的推理和分析从希腊人开始，因此本书从古希腊的经济思想讲起，尽管那并不代表人类经济思想的开端。

第二篇古典政治经济学，主要考察从 1776 年古典政治经济学的奠基者亚当·斯密的《国富论》出版，到 1848 年古典政治经济学的集大成者穆勒的《政治经济学原理》出版，这一时期主流的经济思想及其发展。同时，本部分也介绍了对古典政治经济学信条和政策主张的批判及相关的经济思想。

第三篇从古典政治经济学到新古典经济学，主要考察从古典政治经济学发展到新古典经济学的过程，重点介绍经济学史上的边际革命和新古典经济学代表人物马歇尔（Alfred Marshall）所综合的新古典经济思想，以及从 1890 年马歇尔的《经济学原理》出版到 20 世纪 30 年代之前新古典主义正统的发展。

第四篇从新古典经济学到现代经济学，主要考察 20 世纪 30 年代以来经济思想的发展。一方面，市场竞争理论（价格理论）不断完善，并通过放宽完全竞争模型的前提假设，运用价格理论发展出更加贴近现实的经济模型，这形成了现代微观经济学及其应用。另一方面，在凯恩斯革命基础上发展出了基于总量分析的现代宏观经济学。

---

① 距今约 3.5 万年，直立人进化为能够进行思考的人类，能够说话、制作工具和使用火；距今约 1 万年，人类进入新石器时代，能够使用磨制石器、栽培植物和蓄养动物；公元前 3500 年左右，人类进入文明时代，有文字、等级、城市、大型建筑物、政治权利、税收和艺术等。L. S. 斯塔夫里阿诺斯. 全球通史：1500 年以前的世界 [M]. 吴象婴、梁赤民译. 上海：上海社会科学院出版社，1999.

第一篇
亚当·斯密之前的经济思想

亚当·斯密被誉为"现代经济学之父",其核心贡献是将前人的经济思想系统化,为经济学科的建构奠定了基础。这也意味着,在亚当·斯密之前,人类已经发展出了相当丰富的经济思想。本篇介绍亚当·斯密之前的经济思想,分为两个部分:一是早期经济思想,包括古希腊经济思想和欧州中世纪经济思想;二是16世纪至18世纪上半叶现代世界经济思想的涌现,包括重商主义,17世纪经济自由主义和18世纪法国大革命与苏格兰启蒙运动中的经济思想。

第一章　早期经济思想

历史学家斯塔夫里阿诺斯（Leften Stavros Stavrianos）在其著名的《全球通史》中将全球历史划分为 1500 年以前的世界和 1500 年以后的世界。在 1500 年以前的古代世界，经济问题尚未成为人们独立思考的核心议题，经济思想通常都包含于伦理学、政治学等道德哲学领域，本章主要考察古希腊哲人和中世纪经院哲学派的早期经济思想。

第一节　古希腊经济思想

公元前 5 世纪至公元前 4 世纪，古希腊哲学家开启了经济分析的历史，主要代表人物是苏格拉底（Socrates）的学生色诺芬和柏拉图，以及柏拉图的学生亚里士多德，他们对商品的使用价值和交换价值、分工和组织、货币和利息等经济现象进行了初步的思考和分析。

一、色诺芬的《经济论》

"经济学"（Economics）一词源自希腊语，最早由古希腊著名哲学家苏格拉底的学生色诺芬（Xenophon，约公元前430—公元前355年）在其《经济论》一书中将古希腊语中的"家庭"和"规则"两个词组合并作为书名使用，本义为家庭管理，色诺芬重点论述的是农业财产管理①。

（一）物品的使用价值和交换价值

色诺芬以笛子为例，"一支笛子对于会吹它的人来说是财富，而对于不会吹它的人，则无异于毫无用处的石头""对于不会使用笛子的人们来说，一支笛子只有在他们卖掉它时是财富，而在保存着不卖时就不是财富"。可见，在色诺芬看来，财富是有用的物品，这种有用性是物品的客观属性，取决于人们是否会使用它。这里实际上蕴含了使用价值和主观效用的概念。另外，通过卖掉笛子实现财富的观点实际上蕴含了物品交换价值的概念。

（二）对分工的洞见

在色诺芬生活的年代，社会分工已有很大发展，色诺芬显然注意到了这种现象。他观察到，在一个小镇上，同一个工匠要制造床、门、犁和桌子，甚至还要修盖房子，尽管如此，他还是不容易找到足够的主顾来维持

---

① 色诺芬生逢著名的雅典与斯巴达两个城邦之间的伯罗奔尼撒战争（公元前431—公元前404年），他于公元前401年加入前往波斯的远征军，而后居住在斯巴达人保护之下的一处乡村庄园当了30年的地主，直到公元前365年才回到雅典。

自己的生活。而在大城市，每一种职业可以找到许多主顾，一个人只要从事一种手工业就可以谋生，甚至不用做一种手工业的产品或参与全部工艺过程，就可以维持生活。只做一种最简单工作的人会把工作做得更好，"一切手艺都在大城市中最为完善"。由此可见，色诺芬已经洞见到分工发展的程度受市场规模的影响，另外，分工有利于提高产品质量。

（三）组织的效率

《经济论》一书的主题是组织的效率。色诺芬把农业生产当成经济活动的中心，认为"对于一个高尚的人来说，最好的职业和最好的学问就是人们从中取得生活必需品的农业"。色诺芬力图分析如何有效管理农业财产以便能够继续支付一切开支，并获得盈余使财产不断增加。良好的组织要满足两个基本条件：一是领导人必须通晓各相关领域的知识，因为人们愿意追随卓越的领导人，而不是"逼从"；二是要有秩序。有效的管理和良好的组织可以使财产有效运行，产生更好的生产力。

二、柏拉图《理想国》中的经济思想

苏格拉底的另一位学生柏拉图（Plato，公元前 427—公元前 347 年）在《理想国》中勾画了他的理想社会。柏拉图所处的时代混乱多变①，他认为民主政治和僭主政治都无法带来一个稳定的社会。因此，他设想了一个静态化的理想国：在一个小城邦里，农民、手工业者、商人等从事经济

---

① 柏拉图与色诺芬一样生逢伯罗奔尼撒战争，作为贵族，他曾参与雅典的公共事务，也曾亲身经历西西里岛的僭主政治。公元前 375 年前后，柏拉图在雅典城外创办了"柏拉图学园"，宗旨是把政治家培训成哲学家。

活动的人构成自由民阶层，第二阶层为负责保家卫国的战士，最高阶层是执政者和哲学家，战士和哲学家都不应该拥有私人财产。

（一）"自然的"分工思想

柏拉图《理想国》中的阶层制度根源于对分工这一经济社会发展史中永恒的重要现象的认识。柏拉图认为分工是一种自然现象，取决于人的先天秉性，有些人生来就适合当统治者，有些人则适合从事农业和手工业。分工使每个人从事最适合他先天秉性的工作，从而使效率得到提高。

（二）货币思想

柏拉图把分工看作自然现象，那么商品交换和货币也同样被看作自然现象。柏拉图认为货币是为了便利交换而设计的一种"符号"，其作为交换媒介的价值与制造货币的材料无关，因此他主张使用铸币而不是金银作为货币。柏拉图是货币的两种基本理论（货币"符号论"和"金属论"）之一的最先为人所知的倡导者。

三、亚里士多德的经济思想

亚里士多德（Aristotle，公元前384—公元前322年）是古希腊博学多才的思想大家，其探索领域包括哲学、政治、伦理、自然科学和医药等，对后来哲学、社会科学和自然科学多个领域的发展产生了重大影响。他的《政治学》和《伦理学》是社会科学领域最早的系统论述。作为柏拉图的学生①，亚里士多德在很多方面对柏拉图提出的各种主张和想法进行了广泛的质疑。尽管亚里士多德在社会科学中分析的重点是公正、伦理、家庭、国家等社会秩序问题，但他对经济思想史有重要影响。

（一）价值：交换的公正性

与色诺芬一样，亚里士多德也清楚地区分了物品的使用价值和交换价值，并认为交换价值是从使用价值中派生出来的。对于使用价值，亚里士多德同样强调其主观性。亚里士多德着重探讨交换的正义性，或者定价的公正性。在亚里士多德看来，公正的准则是等价交换。但是，一个交易关系的发生必然要求双方都有利可图，即所交易的货物带给买卖双方的主观使用价值或者效用价值不可能相等。那么，等价的交换价值是什么呢？亚里士多德没有明确提出。后世思想史学家认为在亚里士多德的思想里存在某种不以人的意志为转移的客观价值。著名经济思想史学家熊彼特则认为亚里士多德所指的交换价值是市场上用货币表示的价格，而不是某种神秘的形而上学实体。交易公正的准则是自由市场上的竞争价格②，等价交换则意味着交易行为中交易双方的商品数量乘以市场价格的积相等。

（二）货币：另一种基本理论

亚里士多德所倡导的货币理论最明显地体现了他与柏拉图在思想上的分歧。亚里士多德认为要在商品市场上成为一种交易的媒介，货币本身也

---

① 亚里士多德 17 岁进入柏拉图学园，一直待到 20 年后柏拉图去世。公元前 343 年亚里士多德受聘担任马其顿王子亚历山大的教师，公元前 335 年重返雅典创办学校，从事讲学和著述活动。

② 亚里士多德认为交易中卖方愿意接受的最低价格和买方愿意支付的最高价格这两个极端价格的调和平均数为公平价格。

必须是一种商品，它必须是有用的物品，具有不依赖于交易职能的使用价值和交换价值。除了交易媒介之外，货币还具有价值尺度和价值贮藏等功能。亚里士多德同时还指出金属比其他商品更适合充当货币。显然，亚里士多德"金属论"的货币思想和柏拉图"符号论"的货币思想是相对立的。

（三）利息：获取财富的非自然方式

亚里士多德区分了两种获取财富的方式：一是地产管理，它是获取财富的自然方式，是必需的和光荣的；二是贸易，它是非自然的方式。在亚里士多德看来，获取财富的非自然方式包括商业和有息借贷（他称之为"高利贷"）。亚里士多德观察到借款付息这一经验事实，他强烈谴责由货币本身生出货币而不是从货币的自然应用中获取收益的利息现象，但他并没有解释人们为什么支付利息。

第二节　中世纪经院哲学经济思想

亚里士多德之后，古罗马和早期基督教中都缺乏关于经济问题的分析和论述。尽管古罗马关于财产制度、契约、有限公司等的思想和实践具有深远的影响，但这些主要是基于罗马法而非经济社会分析。熊彼特将从古希腊（以亚里士多德为代表）到经院哲学（以阿奎那为代表）之间的经济著作缺失称为"一段奇怪的空白""大缺口"。

一、封建主义与经院哲学

公元 476 年西罗马帝国灭亡，欧洲历史进入中世纪①。这一时期形成了一种经济社会制度，即封建主义。国王把土地分给一个武士阶层，将接受土地的地主或贵族向国王履行确定的义务作为使用土地的交换条件。在领地内，农奴为维持生存和寻求安全保护向地主提供劳动和农作物，地主在领地内设置一定数量的骑士以保护领地不受外界侵扰。每个领地几乎都是一个独立的经济和政治单元，在领主控制下形成自给自足的庄园经济。由此形成农奴耕作、骑士战斗、领主管理领地、国王统治国家的"社会金字塔"结构。

与封建国王或者封建领主并存的另外一支重要势力是罗马天主教会，天主教会几乎完全垄断着知识和思想，只有在修道院内，专业学者才可能安心做学问。中世纪的教会学说，即在教会的学院里讲习的基督教哲学就形成所谓的"经院哲学"（Scholasticism）。经院哲学试图提供适用于世俗活动的宗教教义，用神学来解释经济社会现象和问题。经院哲学关注的核心问题是道德，但道德问题不可避免地要求人们思考经济活动和经济问题，由此形成经院哲学经济思想。

二、阿奎那的经济思想

阿奎那（Thomas Aquinas，1225—1274 年）被奉为"神学泰斗"，他的《神学大全》是中世纪经院哲学集大成之作。阿奎那在论证自己的学

---

① 从公元 476 年西罗马帝国灭亡到公元 1453 年东罗马帝国灭亡的这一历史时期。

说时，除了和早期教会思想家一样援引宗教信条之外，还广泛运用了古代思想，尤其是亚里士多德的思想①。

（一）关于私有财产

针对《圣经》中谴责私人财产、财富以及追求经济利益的教义，与普通教徒拥有私人财产、追求财富的现实之间的冲突，阿奎那尽管也承认在自然法则下所有的财产都是公共性的，但他提出私人财产的增长是对自然法则的一种补充。正如尽管人的身体符合自然法则，但衣服是对自然法则的补充一样。私有财产是人类理智的发明，私有财产之所以合理，是因为人们对自己拥有的东西要比对许多人或者所有人拥有的东西照看得更多；是因为人们为自己干活要比为别人干活更努力；是因为如果财产划分清楚，就不会为如何使用公共财物而争吵，就会维持良好的社会秩序。阿奎那赞成由国家制定私人财产规则，并认可私人财产的不平等分配。而对于投身于宗教的人而言，阿奎那则遵循柏拉图的主张，认为他们不应该拥有私人财产，公共生活能够使他们将更多的精力专门用于宗教活动。

（二）关于公平价格

关于物品的交换价格，与亚里士多德一样，经院哲学集中讨论价格的道德问题，即价格的公正性。经院哲学家眼里的公平价格同样是指正常的市场竞争价格，其前提是不构成欺诈和不存在经济强迫行为。不过在市场竞争价格的形成机制上，经院哲学家超越了亚里士多德。经院哲学家们认

---

① 阿奎那所处的时代诞生了巴黎大学、牛津大学等最早一批的大学。阿奎那曾在那不勒斯大学学习，后主持那不勒斯的多米尼克教团研究室的工作。阿奎那是中世纪经院哲学的典型代表。

为物品的价值取决于生产它们所花费的劳动力和费用，同时又取决于主观的因素。阿奎那在《神学大全》中写道："可出卖的物品的价格，不是取决于它们在自然界中的地位，而是取决于它们对人的用处。"因此，物品的公平价格不是绝对固定的，而是取决于某种评价。阿奎那同样注意到公平价格由供求关系决定，他认为当小麦的价格因为供给增加而降低后，卖主所得到的价格仍然是公平价格。

可以说，经院哲学已经形成了朴素的价格理论，认识到了影响价格的各种因素，但是其分析不够深入和彻底，使得后人难以准确判断"公平价格"到底意味着什么。有人主张将其视为劳动价值论的先驱，有人主张将其视为效用价值论的先驱，有人则主张将其视为竞争性市场价格理论的先驱。

三、奥雷斯姆的《货币论》

奥雷斯姆（Nicole Oresme，约 1320—1382 年）是继阿奎那之后中世纪晚期最具影响力的经院哲学家[1]，他关于货币的论著通常被认为是经济学史上第一本专门讨论某一经济问题的专著。14 世纪的欧洲处于经济社会正在发生巨变的时代，封建制逐渐衰落，商业和市场逐步兴起，信用和银行业等新业态正在逐步发展。同时，14 世纪中叶，黑死病夺走了 1/3 的欧洲人的生命，导致在很长一段时间内劳动力短缺，这极大地改变了社会各阶层的关系。封建国王为满足维持统治的财政需要，通过降低货币成

---

[1]　奥雷斯姆生于法国卡昂，曾在巴黎求学，担任过查理五世的顾问，1377—1382 年被任命为利泽尔地区的主教。奥雷斯姆是个具有多方面兴趣的博学者，在神学、哲学、数学、天文学、物理学、经济学等领域都有建树。

色（减少铸币中的金银含量）以增加收入。货币问题及其在经济中的作用成为当时的一个重要经济问题。正是在这样的背景下，奥雷斯姆发表的《论货币的起源、性质、法则和替代物》一文，代表了那个时代经院哲学派的货币思想。

经院哲学派的货币思想继承了亚里士多德的金属货币论，他们在实践上也是金属主义者，认为最应该保持性质稳定的就是货币，降低货币成色会使人们对货币的价值产生疑惑而破坏货币的信用，是有害的，比高利贷更应该受到谴责。奥雷斯姆在一定程度上理解了货币已经不全然依赖于它所含有的金银的价值，统治者有权铸造货币，给货币定价，当然，他认为统治者在通货方面维持公众信任是十分重要的。奥雷斯姆还隐约看到了市场的力量，人们只做有利可图的事情，他们可以无视统治者设定的货币价格，如果货币价值被低估，被低估的货币将被用于出口，这会影响国内经济。

第二章　现代世界经济思想的涌现

本章考察 16 世纪至 18 世纪上半叶的经济思想。历史学家通常把 1453 年东罗马帝国的灭亡作为中世纪结束、现代世界开端的分水岭，尽管两者都是一个缓慢的演化过程，不会在一夜之间发生。东罗马帝国终结后，世界尤其是欧洲的经济、政治、社会、科学和宗教等各领域都发生了巨变，大大推动了人类文明的进步。例如，15 世纪后半叶把之前割裂的世界连接在一起的地理大发现，15 世纪至 16 世纪带来人性解放的文艺复兴，16 世纪至 17 世纪从机械定律探索宇宙的现代世界观的出现，16 世纪以打破罗马天主教垄断和新教发展为核心的宗教改革，17 世纪培根的经验归纳和笛卡尔的逻辑演绎主导的科学革命，17 世纪建立君主立宪制的英国光荣革命，18 世纪以追求理性、进步、自由为核心的启蒙运动。

在经济方面，封建主义庄园经济逐步让位于商业、城市手工业和市场的蓬勃发展，与此相应地，诞生了众多分析经济问题的小册子，其作者也不再局限于经院学派，更多的是商人、律师、医生、顾问行政官等。正如熊彼特所指出的，当世俗知识分子的影响显露出来时，经院哲学就成了怪物。这一时期是经济问题分析兴起的重要时期，并逐步发展为古典政治经济学派的先驱，为亚当·斯密构建系统化的经济思想体系奠定了基础。

第一节　重商主义

重商主义是盛行于 16 世纪至 18 世纪前半叶重要的经济思想，同时也是一种经济政策实践。重商主义与 15 世纪以来欧洲单一民族国家的兴起密切相关。富国强兵是兴起的各民族国家的共同诉求，如何使国家富裕以增强国力是那个时代最引人关注的经济问题。正如《君主论》的作者政治思想家马基雅维利（Niccoló Machiavelli，1469—1527 年）向统治者提出有利的政治政策一样①，重商主义者向统治者提供经济政策，试图促进经济发展与繁荣。这一点可以从文献中首次使用"政治经济学"这一概念的蒙克莱田（Antoine de Montchrétien，约 1575—1621 年）1615 年出版的《献给国王和王太后的政治经济学》一书的书名得到最直观的体现②。重商主义的核心思想：一是对外通过关税、补贴等手段鼓励出口，限制进口，实现贸易顺差和增加金银储备；二是对内通过强有力的经济干预和管制扩大生产。早期的重商主义者把一个国家的财富等同于国内持有的贵金属存量，并建议严格禁止金银出口，后期的重商主义者认为金银只是财富的一种形式而不是全部，并鼓励用金银购买用于制造出口产品的廉价原材

---

① 马基雅维利是 16 世纪和文艺复兴时期最有名的政治思想家，他从人是自私自利这一人性的一般假设出发，脱离道德探讨政治问题，分析统治者如何使用权力以最有效地达到目的。

② 尽管我们并不打算从蒙克莱田的小册子中汲取经济思想，但他首次使用"政治经济学"这一概念仍然值得一提。"政治经济学"是 1890 年之前经济学的名称。正如前文所指出的，"经济"一词源自古希腊语，是家庭财产管理的意思，而"政治经济学"中的"政治"是国家范围或社会范围的意思，"政治经济学"就是指所研究的是国家范围和社会范围的财富问题。

料。英国的孟（Thomas Mun，1571—1641 年）和配第（William Petty，1623—1687 年）是重要的典型的重商主义思想者，而在实践上，最著名的重商主义者则是法国自 1661 年起任路易十四财政大臣的柯尔贝尔（Jean-Baptiste Colbert，1619—1683 年），因此重商主义有时又被称为"柯尔贝尔主义"[①]。

尽管重商主义思想和政策主张被后来的自由主义经济学家广泛批判，亚当·斯密甚至在《国富论》中用了近 200 页的篇幅对重商主义思想与实践进行了严厉的批判，但不可否认的是，重商主义者关于经济现象和经济问题的分析相对于中世纪经院哲学的经济思想前进了一大步。

一、人的自利性

重商主义从世俗的角度思考经济问题，不再囿于中世纪经院哲学的道德观念，而是脱离道德考量，分析经济世界实际发生的事情以及需要解决的经济问题。首先是对于人的自利性的一般性假定，即认为人是受自利的驱动而行事的。其次不再争论利润、利息的道德性质，而是把追求利润的行为视为理所当然，并努力寻求其内在含义。最后基于对人的天性的承认和对经济体机械的因果关系或者经济规律的把握，提出相应的政策主张。比如，16 世纪英国重商主义者史密斯（Thomas Smith，1513—1577 年）[②]在《论英国本土的公共福利》一书中指出，圈地运动是羊毛价格相对于小麦价格更好的结果，使牧场不继续侵占耕地的条件是耕地的利润与放牧

---

① 柯尔贝尔按照重商主义的经济思想，鼓励发展本国工商业，并通过提高关税来予以保护。通过政府直接控制经济部门，建立殖民贸易公司和开办新式工厂，增强了法国的工业和贸易能力。

② 史密斯是英国都铎王朝时期剑桥大学的教师，也是律师和政府官员。他研究了当时许多经济社会问题，重点是通货膨胀问题和圈地运动。

的利润相等。因此，阻止牧场扩张的方法不是通过立法禁止，而是降低其利润。

二、货币数量论

重商主义者洞见了货币数量与价格之间的关系，是现代货币数量论的先驱。地理大发现后美洲货币金属的流入使西欧社会出现了物价上涨的长期趋势。16 世纪法国政治思想家博丹（Jean Bodin，1530—1596 年）最早分析货币数量与通货膨胀之间的关系。他认为当时的物价上涨既不是稀缺的结果，也不是垄断由导致的，而是因为美洲金银的流入使货币数量增加。英国的史密斯在解释物品充足下物价上涨时将其归因于货币成色的降低，后来重新解释为因从印度群岛和其他国家进口金银导致货币数量增加。17 世纪英国重商主义学者配第进一步认识到货币流通速度和货币数量一样重要，如果货币的周转速度提高，则只需较少的货币就可以做同样的事情。配第还认为货币过多或者过少都不好，他把货币比喻为政治肌体的脂肪①，如果过多会影响肌体的敏捷，过少则会使肌体生病。另外，配第还洞察到货币的增加会导致利率的降低。

三、贸易差额论

贸易差额论是重商主义的核心思想，最具有代表性的人物是孟②，他

---

① 配第曾在荷兰、法国学医，任职牛津大学解剖学教授和伦敦格雷欣学院音乐教授，后到爱尔兰担任克伦威尔军队的医生，并通过购买士兵手中的土地成为大地主。
② 孟曾供职于东印度公司，他于 1630 年左右写就了反映重商主义思想的著作《英国得自对外贸易的财富》，该书在他去世后由他的儿子安排于 1664 年出版。亚当·斯密在批判重商主义思想时就是以孟为代表的。

在《英国得自对外贸易的财富》一书中探讨了增加英国财富的手段，他认为核心是获得贸易收支盈余，一方面要尽可能地增加出口，另一方面要生产从国外进口的产品以减少进口。孟分析了英国与所有国家而不是与某一个国家的贸易收支问题，英国对印度可能拥有贸易逆差，但是却有可能从印度进口廉价原材料，用于制造出口其他国家的产品，从而增加英国的财富。因此，他认为商品贸易中货币出口是增加财富的一种手段。孟还洞见了汇率与出口之间的关系，他指出为了增加出口应该实施低汇率而不是高汇率①。

四、配第的"政治算术"

配第和其他重商主义者一样反对将金银花费在英国能够制造的进口商品上，主张对进口商品征收关税，并在经济运行的分析上取得了重要进步。不同于早期的重商主义者把财富简单地等同于金银的观点，配第认识到粮食也是财富，认为社会财富的真正来源是土地和劳动，并提出著名的"劳动是财富之父，土地是财富之母"的观点。配第提出了最早的地租理论，把地租视为土地生产物扣除种子和劳动力生活必需品后的剩余。配第还预示了劳动价值论：如果生产一蒲式耳谷物和制造一盎司白银需要的劳动相同，那么它们的价值就应该相等。从生产方面进行经济分析使配第更多接近古典政治经济学，马克思也因此称他为"政治经济学之父"。

配第创新性地使用了数字分析方法，他在《政治算术》中指出用数

---

① 一个时代背景是面临荷兰等国的竞争，英国在 17 世纪初经历了商业危机，出口大幅度下滑。对于这场危机当时的一种解释是英国铸币被低估而导致被出口，为此应该管制汇率。而孟则认为是物品的流动在主导着金银的流动，防止金银外流的有效办法是增加贸易收支盈余，减少进口、增加出口，为此应该实施低汇率而不是高汇率。

字、重量和尺度来表达想说的问题，只使用符合常理的论据，借以考察在自然中有可见根据的因素。配第因此成为统计分析的开创者。此外配第还开创了国民收支账，尽管不是非常精确，但已经包含了如下经济思想：国民支出等于国民收入，国民收入是土地、劳动力和资本支出的总和。

第二节　经济自由主义的先驱

与重商主义相对立的是倡导自由放任的经济自由主义，它兴起于重商主义经济思想盛行的 17 世纪。英国的洛克、诺思和法国的布阿吉尔贝尔等经济自由主义者对重商主义经济思想和政策进行了深刻的反思和批判，积极倡导自由贸易，反对管制。

一、洛克的货币利息论

洛克（John Locke，1632—1704 年）是 17 世纪英国著名的政治哲学家，被广泛认为是最有影响力的启蒙思想家和"自由主义之父"[①]。洛克关于利息的论述缘于一场是否应该降低法定利率的争论。正如第一节论述到的，重商主义已经突破了亚里士多德和中世纪经院哲学的贷款利息"非自然"思想，重点关注利息对经济的影响。比如，蔡尔德（Josiah Child，1630—1699 年）在《关于贸易和货币利息的观察摘要》中试图探

---

① 洛克在认识论和政治哲学领域做出了突出贡献，他关于自由和社会契约的思想影响了许多法国、苏格兰启蒙思想家以及美国革命者。

究 17 世纪荷兰比英国繁荣的原因，他发现利率越低的国家越富裕，因此主张把英国的法定利率从 6% 降低到 4%。针对这一主张，洛克在《论降低利息和提高货币价值的后果》中指出存在一个取决于一个国家货币数量与贸易总量之比的"自然利率"，货币的稀缺性使它自然地处在那个比率上。洛克认为荷兰的繁荣导致了低利率，因为繁荣带来了货币量的充足，从而降低了自然利率。把利率限制在 4% 会使可供借贷的资金减少，贸易将以各种方式受到阻碍，社会财富不仅不会增加，反而会减少。

二、诺思的自由贸易论

诺思（Dudley North，1641—1691 年）被称为第一位杰出的自由贸易论者，其经济思想主要体现在 1691 年匿名出版的小册子《贸易论》中，其写作背景也是降低法定利率的政策主张。诺思采用笛卡尔式的推理方式，其逻辑演绎的起点是贸易是过剩产品的交换，即人们之间的差异导致了贸易。诺思把这个观点运用到利息分析上，他指出，资本储备多的人借贷给储备少的人，以利息作为回报，正如土地多的人把土地租给农民以获取地租，利息和租金在本质上是一样的。如果资本储备和土地充足，利息和租金就会降低；反之，利息和租金会提高。基于这一分析，诺思与洛克都认为荷兰之所以利率低是因为经济繁荣使得资本储备充足，而不是相反的情况，如果强制降低利率，贷款的供应量就会降低，或者进行"秘密交易"以规避法律。诺思主张出借人与借款人应该自由地进行各种交易。

对于当时盛行的限制进口和抑制奢侈消费的重商主义思想，诺思认为奢侈性消费刺激了工作的热情，一旦人们只用必需品满足自己，我们拥有的将是一个贫穷的世界。诺思从满足消费者需求的视角看待财富，把消费而不是生产看作是经济活动的目的，人们真正需要的并不是金钱，而是商品和服务。基于此，诺思认为自由贸易是有利的，管制贸易是有害的，因为无利可图的贸易自然不会发生，任何有利于个人的贸易也有益于公众。

三、法国的布阿吉尔贝尔

在法国较早对重商主义提出批判的是布阿吉尔贝尔（Pierre de Bois-guilbert，1646—1714 年），他在 1695 年出版的《法国详情》中指出，路易十四统治下的重商主义政策实际上导致了法国的经济衰退。布阿吉尔贝尔认为虽然买者和卖者都受到利益的驱动，但是买卖之间平衡的需要使得双方听从理性的安排。因此，只要国家不予以干涉，他们就会对公众福利有所裨益，而国家的作用是建立安全和公正的机制。布阿吉尔贝尔自由放任法则的一个例外是粮食，他主张政府通过买卖粮食储备，干涉并稳定粮食价格。

除了经济自由主义思想外，布阿吉尔贝尔的另一贡献是突破金属货币论，认为纸币可以执行金属货币的功能，具备零生产成本的优势，同时还可以加快货币流动速度，从而扩大货币供应量以促进经济繁荣。布阿吉尔贝尔的货币思想被苏格兰人罗（John Law）在法国国王路易十五统治下付诸实施。

第三节　法国大革命前的经济思想

在布瓦吉尔贝尔经济自由主义思想影响下，18 世纪法国人对经济运行进行了系统性的论述，对系统性经济学的形成和自由放任学说的发展做出了重要的贡献。18 世纪五六十年代的法国巴黎成为了欧洲经济思想的中心。

一、坎蒂隆的《商业性质概论》

坎蒂隆（Richard Cantillon，约 1680—1734 年）[①] 1755 年出版的《商业性质概论》是系统性论述经济问题的最早著作[②]。有些学者认为它标志着经济学这门学科的诞生，罗宾斯认为它超越了后来法国重农学派的任何著作，在许多方面可以和亚当·斯密的《国富论》相媲美。《商业性质概论》主要分为三个部分：第一部分是对经济运行的一般分析，第二部分是对货币和利息的分析，第三部分是对贸易和银行业务的探讨。

坎蒂隆从消费的角度指出财富是维持、便利和提高生活的东西，一切财富都来源于土地，生产财富的劳动力数量根据需求调整。对于价格问题，坎蒂隆提出"内在价值"的概念，即衡量生产某种物品的土地和劳

[①]　坎蒂隆是爱尔兰人，他长期在巴黎从事银行家职业，曾与第二节所提及的罗共事，并发现罗的计划存在的缺陷而保住了巨额的财富。

[②]　该书写于 1730 年左右。

动力数量，并用生产劳动力生存资料所需要的土地来衡量劳动力的价值，由此形成"内在"的土地价值论。市场价格根据供求关系围绕"内在价值"上下波动。在探讨生产如何组织时，坎蒂隆第一次赋予了企业家特别的重要性，企业家以固定的成本来预期获得不确定的收益，在追逐利润的过程中，产生了比在政府干预下更高级的社会成果。坎蒂隆还分析了需求如何引领生产。

对于货币和利息问题，坎蒂隆在洛克的基础上进一步分析货币增加的不同途径：贵金属开采、贸易收支差额和外国势力补贴，并分析货币增加在整个社会扩散的不同方式对价格的不同影响。如果货币首先落入对其需求少的人手里，他们会将其用于消费，价格会因此提高；如果货币首先落入趋向于储蓄的人手里，价格就不会立刻受到影响，但或早或晚这些储蓄会被用于消费，进而会影响价格水平。坎蒂隆原创性的动态分析超越了那个时代所有的学者。

对于贸易，坎蒂隆认为出口盈余会使商人和企业家获利，并给工人提供就业机会，有利于提高一国财富。但是他也指出一个国家不可能永远保持出口盈余，随着货币流入和商业的繁荣，消费和物价会上升，用于进口奢侈品的支出也会增加，出口盈余将会不断缩小。对于银行业务，坎蒂隆认识到了银行在纸质货币创造中的作用，同时也意识到了银行增发过多票据的风险。

二、重农学派与魁奈的《经济表》

重农学派形成于 18 世纪五六十年代的法国，是第一个有组织的经济学家团体。重农学派形成的背景是法国牺牲农业培育制造业的柯尔贝尔重商主义政策，与课征于土地和农业利润的各种赋税及对谷物贸易的管制。

重农学派认为只有农业是生产性的，因为它生产了剩余，而工业、贸易和各种职业虽然有用，但都仅仅是再生产出所消耗掉的原材料和基本生存资料的价值，不产生剩余，不是生产性的。重农学派将自然秩序引入经济思想，提倡自由放任、反对政府干预，认为除保护生命和产权、维持自由等事务之外，政府不应对经济活动施加任何干预。重农学派认为既然只有农业才能产生剩余，且土地所有者以地租的形式获得剩余，那么就应该只对土地所有者征税，对其他人所征收的税收最终将通过某种形式转嫁给土地所有者①。

魁奈（Francois Quesnay，1694—1774 年）是重农学派的创始人和领军人物。魁奈的《经济表》是对自由竞争经济中商品和货币循环流通②的第一次系统性分析，是宏观经济总量分析的先驱。如图 2-1 所示，魁奈把社会分为三个阶层：生产阶层（农业者）、非生产阶层（制造业者）和土地所有者阶层（地主），只有农业产生剩余，所有剩余都以地租的形式归地主所有。假设农业产出规模为 5000 个货币单位，其中 2000 个货币单位以谷物的形式作为预留的农业生产资料，1000 个货币单位用于生产阶层自身的消费（包括农产品和制造品），剩余的 2000 个货币单位以货币的形式作为地租交给土地所有者。第 t 期经济活动开始时，地主以货币形式持有 t-1 期的全部净产出，假设有 2000 个货币单位，地主把其中的 1000 个货币单位用于购买农产品，另 1000 个货币单位用于购买制成品，每个部

①　19 世纪 80 年代，美国的乔治（Henry George）倡导"单一税"运动，试图通过税收拿走所有地租。

②　魁奈是一位医生，他在他的医生职业生涯中获得了显著的威望，著有《论血液循环》。

门流入 1000 个货币单位。由此产生的收入又被花费出去，一半用于农产品，另一半用于制成品，每个部门又从其他部门获得 500 个货币单位的收入。如此循环下去，每个部门得到 2000 个货币单位的收入，不同的是，农业部门生产剩余，2000 个货币单位的支出将产生 2000 个货币单位的净产出，而制造业部门没有净产出。农业部门 2000 个货币单位的净产出以货币形式作为地租交给土地所有者，在 t 期结束时，2000 个货币单位的净产出又回到地主手中，而他们在 t+1 期开始时又会花费出去，使整个过程重新开始。

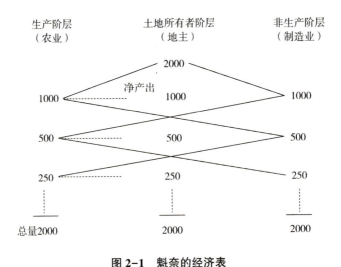

图 2-1 魁奈的经济表

尽管魁奈对经济运行的假设存在局限性，认为农业部门产生 100% 的净产出，而制造业部门不生产剩余，但是通过《经济表》，魁奈以极简化的方式抽象出了经济运行的模型，这是表述经济均衡概念的最早方法。通过《经济表》演示，魁奈说明了税收、干预农业、人为刺激制造业、保持食品低价等政策都将导致经济衰退。

三、杜尔哥的资本与利息理论

杜尔哥（Anne Robert Jacques Turgot，1727—1781 年）通常也被作为法国重农学派的重要代表①，但他的经济思想更接近现代观点，熊彼特因此称之为"同情重农学派的非重农主义者"。杜尔哥的主要著作是 1766 年出版的《关于财富的形成和分配的考察》及一部未完稿的《价值与货币》。杜尔哥认为国民财富是土地净收益的现值（土地的价值）加上可移动物品的存货。杜尔哥重视节约和积累，积累形成资本，资本可以有多种用途：购买土地，投资工业，用于有息借贷。这三种资本用途的回报并不相等，因为它们各自的风险不同，竞争将在资本的不同利用方式的回报之间建立一个均衡。对工业在财富创造中作用的认知是杜尔哥区别于重农学派的重大进步，对资本积累作用的认知则使他更贴近亚当·斯密和古典政治经济学。

对于货币利息，杜尔哥和第二节所提及的诺思一样，都认为经院哲学的利息不正义论是谬误，杜尔哥进一步认为货币所有者可以正当地收取货币利息，不仅是因为货币是获取收入的手段导致贷款人在贷出期间失去一笔可能的获利，也不仅是因为他冒着丧失本金的风险，更不是因为借款人可以用所借的货币获取利润，而是根据一种更具一般性和决定性的原则，即财产所有权。杜尔哥认为只要贷款人拥有货币所有权，他才有权利要求

---

① 杜尔哥 1774 年担任法国国王路易十六的财政大臣后，引入各种反重商主义的措施，推崇重农学派的思想：允许国内谷物自由贸易，废除各种行业和特权贸易企业，废除强制劳役而实行所有地主都需缴纳的税收，大幅度削减政府支出，提倡择业自由和宗教信仰自由。杜尔哥的改革计划因众多利益阶层的反对而失败。

贷款利息。熊彼特认为杜尔哥的利息论是 18 世纪利息理论领域里最伟大
的成就。

第四节　苏格兰启蒙运动中的经济思想

18 世纪苏格兰启蒙运动对社会思潮产生了重要影响，人性和社会进
化是这场知识分子运动的核心议题。苏格兰启蒙运动孕育了对亚当·斯密
产生重要直接影响的经济思想，也产生了系统论述经济问题和经济思想的
著作。

一、曼德维尔的"蜜蜂的寓言"

曼德维尔（Bernard Mandeville，1670—1733 年）是一位主张进行贸易
管制的重商主义者，但他产生最大影响也是引起最大争议的则是所谓的
"蜜蜂的寓言"。在 1714 年出版的《蜜蜂的寓言》中，曼德维尔以寓言诗
的形式对道德哲学家视节欲为美德、奢侈性消费为恶行的清教徒式的道德
观发起猛烈的挑战。他认为人生来自私，但如果政府适当加以引导，个人
的恶行能够产生公众利益，正如一个大蜂箱，所有的蜜蜂都受贪欲驱使，
财富分配不公，但却产生了繁荣。如果要求所有人的行为举止合乎道德，
用美德取代私人恶习，最终将导致经济衰退，很多蜜蜂将弃蜂箱而逃。

尽管招致了广泛的批评，但是曼德维尔的观点起到了振聋发聩的效
果，他关于个人逐利行为会产生公众利益的思想显然从正面影响了亚当·

斯密。

二、休谟的经济思想

休谟（David Hume，1711—1776 年）是苏格兰启蒙运动时期著名的哲学家和历史学家，他的经济思想主要体现在 1752 年出版的《政治论丛》中的几篇论文里。休谟没有构建完整的系统的经济学体系，他主要研究了贸易、货币、利息和税收等经济问题，他继承了前辈洛克的思想，并对他的朋友亚当·斯密产生了直接的影响。

（一）劳动力财富论

休谟认为劳动力是财富的基础，世间万物都是由劳动力购买的。休谟认为制造业的价值在于储备劳动力，因此发展制造业有助于提高国力。利用的劳动力越多于最低需求，国家越强大，而没有制造业的国家即使拥有同等数量的人，也没有同等数量的劳动力。同理，休谟还认识到对外的商业也是有价值的，因为它也提高了一国的劳动力储备。休谟对劳动力在财富创造中的作用的强调与法国坎蒂隆"一切财富都来源于土地"的财富论形成了鲜明的对比，对制造业和商业的重视显著区别于法国的重农学派。

（二）价格—货币流动机制

休谟的劳动力财富论推翻了货币即财富的重商主义观点，他认为货币是人们一致同意的便于一种商品交换另一种商品的手段，是贸易齿轮的润滑剂。拥有过多的货币会使国内商品价格上涨，从而导致进口增加和货币流出；反之，货币供应量的减少会降低国内商品价格，从而导致出口增加和货币流入。这就是所谓的"价格—货币流动机制"。休谟的"价格—货币流动机制"不仅包括了货币数量论中货币数量影响价格的机理，还揭示了价格变化对进出口及货币流动的影响。休谟把货币比作海水，如果各地区之间存在流动，那么货币就会像水一样找到自己的水位。

对于货币数量变化的价格效应，休谟认为价格调整滞后于货币数量的变化。在一定时期内，货币供应量的一次性增加会促进消费、生产和就业，最终会转化为价格水平的上涨；反之，货币供应量的一次性减少会在价格降低之前首先抑制消费、产出和就业。休谟实际上较早预见了货币数量变化对实体经济的影响，即"货币非中性"理论。

（三）贸易平衡论

基于价格—货币流动机制，休谟指出，一个经济体不可能长期保持贸易顺差，因为贸易顺差将导致货币数量增加和国内价格水平上升，从而导致出口减少、进口增加，而最初拥有贸易逆差的经济体将会因货币流出和价格水平下降导致出口增加、进口减少。这样将最终导致贸易平衡的自动调整。

休谟进一步反驳了重商主义关于国际贸易中一国获利是以他国受损为代价的观点，他认为任何一个国家的财富和贸易的增加都将促进所有邻国的财富和贸易。显然，休谟倡导自由贸易，尽管他夸大了贸易利益的国际一致性。

三、斯图亚特的《政治经济学原理研究》

斯图亚特（James Stuart，1712—1780 年）1767 年出版的《政治经济

学原理研究》是英文文献中第一部系统论述经济学的书，也第一次把"政治经济学"的概念引入英文世界，"政治经济学"是经济学在 19 世纪开始成为一门独立学科的标准名称的。

斯图亚特以人的自利性为分析的前提假设，自利的原则将作为一把总钥匙而服务于这个研究。他系统研究了人口、农业、工业、货币、利息、银行和赋税等经济问题。斯图亚特第一次在书中用"供求"来解释价格决定[1]，以买方之间的竞争和卖方之间的竞争确定价格的上限和下限，使不同个人的利益得到相互平衡。斯图亚特强调国家应该尽可能地减少失业，而保持就业就应该在供给和需求之间保持平衡。他指出可以利用政府支出或其他方式来左右货币供应量以实现供求平衡，并强调了经济事务中政治家的作用。

斯图亚特的《政治经济学原理研究》曾经被广泛认可，但几年后被亚当·斯密的《国富论》替代。其原因是亚当·斯密更能抓住公众的想象力，而且全然不提及斯图亚特的书。当然，斯图亚特的散漫风格和表达不够清楚也被认为是原因之一，这可以从他作品的全名得到体现——《政治经济学原理研究：论自由国家的国内政策的科学，特别考虑人口、农业、贸易、工业、货币、铸币、利息、流通、银行、汇兑、公共信用以及赋税》。

---

[1]　休谟接受了斯图亚特供求决定价格的理论，在 1776 年写给杜尔哥的信中指出劳动力的工资取决于劳动力的供给与需求，对工人征税不会通过提高工资、减少地租而转嫁给地主。在 1776 年写给亚当·斯密的信中，休谟认为农场的地租不构成产品价格的一部分，价格由需求和数量共同决定。

第二篇

古典政治经济学

1776 年亚当·斯密出版了划时代著作《国民财富的性质和原因的研究》（以下简称《国富论》），通过批判性取舍和吸收系统化了前人的经济思想，为经济学科的诞生奠定了基础，并确立了以自然秩序和自由竞争为核心的古典主义传统。以法国的萨伊和英国的李嘉图为代表的经济学家于 19 世纪早期在继承亚当·斯密经济思想的同时，试图更多地基于抽象演绎的方法将经济思想一般化和科学化，使经济学成为一门逻辑严密的学科。1848 年穆勒的《政治经济学原理》的出版使其成为古典政治经济学的集大成者。当然，古典政治经济学的信条和政策主张也受到了不同学派思想家的批判。

第三章 伟大的奠基者：亚当·斯密

本章介绍古典政治经济学伟大的奠基者亚当·斯密的代表作《国富论》的写作背景及蕴含的经济思想。在《国富论》的第一篇，亚当·斯密主要考察了生产（分工）、交换（价格）和分配的经济思想，第二篇考察了资本积累和用途的经济思想，第三、第四、第五篇分别通过对国家政策、政治经济学体系和国家收入的考察阐释了思想信念和政策主张。

第一节 亚当·斯密与《国富论》

亚当·斯密（Adam Smith，1723—1790 年）14 岁时进入格拉斯哥大学学习，曾受教于 18 世纪苏格兰启蒙运动的发起人、格拉斯哥大学的道德哲学教授哈奇森（Francis Hutcheson，1694—1746 年）。1740—1747 年亚当·斯密到牛津大学巴利奥尔学院（Balliol College）学习道德与政治科学、语言学。1748—1750 年，他成为爱丁堡大学讲授修辞学和文学史的讲师。1751 年亚当·斯密成为格拉斯哥大学逻辑学教授，并于 1752 年成为道德哲学首席教授，直到 1764 年。1759 年亚当·斯密出版了使他成名的《道德情操论》。在《道德情操论》中，亚当·斯密主要讨论同情、仁慈等道德力量对自私的约束，当人们出于爱心、感激、友谊和尊敬而相互提供帮助时，社会就会繁荣和幸福。不过，亚当·斯密同时认为即使缺乏相互之间的爱心和情感，社会仍将继续运转下去，商业社会依旧可以繁荣，尽管它不是那么令人幸福和满意。但是，这并不意味着人的行为可以不受限制，当人们可以随时伤害别人时，社会就无法存在了。因此，对于社会存在而言，公正是必要的。

1764 年亚当·斯密辞去教授职务，作为著名政治家汤森① （Charles Townshend，1725—1767 年)② 的继子第三代巴克卢（Buccleuch）公爵的家庭导师游学欧洲大陆。在法国生活的两年多时间中，亚当·斯密与魁奈和杜尔哥等建立了亲密的友谊关系。1766 年返回苏格兰后亚当·斯密就退休了③，开始潜心写作《国富论》，并于 1776 年出版，成为经济学发展史上的不朽之作，亚当·斯密也因此被誉为 "现代经济学之父"。

亚当·斯密在《国富论》的序言里开宗明义地指出，一国国民每年消费的生活必需品和便利品供给情况的好坏取决于本国劳动的直接产物或用这类产物从国外购进来的物品与消费人数的比例。换言之，人均产出是一国国民财富的衡量标准。人均产出取决于两个因素：一是一国国民运用劳动，是怎样熟练，怎样技巧，怎样有判断力，即劳动生产力；二是从事有用劳动的人数和不从事有用劳动的人数，成什么比例，即人口中劳动力

① 亚当·斯密到法国时，休谟正在英国驻法大使馆工作，在他的引荐下亚当·斯密拜访了伏尔泰等法国知名人士。

② 汤森在担任财政大臣期间对美国茶叶征收繁重关税，这与波士顿倾茶事件密切相关，进而对美国独立革命做出了巨大的 "贡献"。

③ 巴克卢家族每年为亚当·斯密发放 300 英镑的年金，直至其逝世。

的占比情况。其中劳动生产力更加具有决定性。因此,《国富论》第一篇的主题为"论劳动生产力增进的原因,并论劳动生产物自然而然地分配给各阶级人民的顺序"。对于第二个决定因素,亚当·斯密认为劳动力数量和推动劳动的资本量的大小与资本用途成比例,因此《国富论》第二篇的主题为"论资财的性质及其蓄积和用途"。第三篇"论不同国家中财富的不同发展"主要讨论国家政策,有些国家政策鼓励农村的产业,另一些国家政策鼓励城市的产业。第四篇"论政治经济学体系"主要讨论支撑不同国家政策的经济思想,包括重商主义和重农主义。第五篇"论君主或国家的收入"主要讨论公共支出和收入问题。

第二节 论分工、价格和分配

本节概述《国富论》第一篇的主要思想。第一篇共包括十一章,其中前三章主要讨论生产中的分工问题,第四章到第七章主要讨论与交换相关的货币和价格问题,第八章到第十一章主要讨论与分配相关的工资、利润和地租问题。

一、论分工

亚当·斯密基于经验观察指出,分工导致了劳动生产力的极大增进。主要有三个原因:一是分工提高劳动者的熟练程度;二是分工节约工序间的转换时间;三是分工推动了许多简化劳动和缩减劳动的机械的发明。那么，为什么会有分工呢？尽管人类智慧可以预见分工的益处，但亚当·斯密认为分工不是人类智慧的结果，而是一种人类倾向缓慢而逐渐造成的结果，这种人类倾向就是互通有无，互相交易。相互交易的倾向是人类所共有，也为人类所特有，受人的利己心驱动。"我们每天所需要的食物和饮料，不是出自屠户、酿酒商和面包师的恩惠，而是出于他们自利的打算。"受自利性驱动的相互交易的倾向"鼓励大家各自委身于一种特定业务，使他们在各自的业务上，磨炼和发挥各自的天赋资质或才能"。当然，分工进一步扩大了人们才能上的差异。可见，亚当·斯密发展了古希腊哲学家柏拉图自然分工的思想。

亚当·斯密进一步指出，分工的程度受交换能力大小的限制，换言之，分工受市场范围的限制。这一点古希腊的色诺芬已经洞见到。这也解释了早期的文明通常发轫于沿海、沿河一带的原因，因为水运开拓了比陆运更为广大的市场，促进了农业或制造业的分工改良。

二、价值与价格

当分工已经完全确立时，一个人自己劳动的生产物便只能满足自己欲望的极小部分，大部分欲望的满足都需要通过交换来实现，而交换产生了货币。这一点古希腊的亚里士多德和中世纪的奥雷斯姆已有论述。亚当·斯密着重讨论的是在以货币交换货物或者以货物交换货物时所遵循的法则。他提出了著名的"价值悖论"：使用价值很大的东西，往往具有极小的交换价值，甚至没有，比如水；反之，交换价值很大的东西，往往具有极小的使用价值，甚至没有，比如钻石。为探讨支配商品交换价值的原则，亚当·斯密区分了真实价格与名义价格（货币价格）、自然价格与市场价格的概念。

在《国富论》第一篇第五章中，亚当·斯密认为自分工确立以来，一个人所需要的物品大部分需仰给于他人劳动，一个人以某货物交换他物，对他而言，货物的价值等于他能购买或能支配的劳动量。因此，劳动是衡量一切商品交换价值的真实尺度。一个物品的真实价格，即要取得这个物品实际上所付出的代价，这是获得它的辛苦和麻烦。以货币或者货物购买物品，就是用劳动购买，正如用自己的劳动获得一样，就是用含有一定劳动量的价值交换被认为有等量劳动价值的物品。因此，劳动是第一性价格，一个物品的真实价格就是其劳动价格。当然，由于要确定两个不同劳动量的比例往往很困难，因此当商品与商品交换时，通常以一种商品所能购买的另一种商品的量来估定其交换价值；而在货币成为商业上的一般媒介后，一般以货币量来计算一个商品的交换价值。不过，由于货币价值时有变化，等量货币在不同的时间和不同的地点所能购买的货物量并不相同，因此货币是商品的名义价格。

紧接着，在《国富论》第一篇第六章中，亚当·斯密指出在资本积累和土地私有尚未发生之前，获取各种物品所需要的劳动量之间的比例是各种物品相互交换的唯一标准。当资本积累和土地私有发生之后，大多数商品的价格包括三个组成部分：地租、工资和利润，即每一件商品的价格或交换价值都是由这三个部分或者其中之一构成。这三个组成部分各自的真实价值由各自所能购买或所能支配的劳动量来衡量。在文明社会，由于交换价值仅由劳动构成的商品极不常见，大部分商品的交换价值都包含利润和地租，所以社会全部劳动年产物所能购买或者支配的劳动量远远超过生产这些年产物所需要的劳动量。

有不少人认为《国富论》第一篇第五章和第六章体现了亚当·斯密两种不同的价值论。实际上，亚当·斯密的价值论并不混乱，生产商品所需要的工资、利润和地租共同决定了商品的交换价值，而劳动是衡量交换价值的真实尺度。正如坎蒂隆用土地衡量商品的内在价值一样，亚当·斯密以所能购买或者支配的劳动量为商品的真实的交换价值，以区分以货币衡量的名义的交换价值。亚当·斯密对物品真实价值的分析本质上是一种逻辑演绎方法，这被后来更加强调逻辑演绎法的李嘉图发展为劳动价值论。亚当·斯密并没有在这一方面走得太远，他遵循培根的经验主义方法，在《国富论》第一篇第七章转为对经济现实的经验观察。实际上，《国富论》第一篇第五章对亚当·斯密的体系是不必要的，因为之后的分析并不基于抽象的商品的真实价值和劳动价格，而是基于第七章所提出的商品的自然价格。一种商品如果按照自然率（普通率、平均率）支付地租、工资和利润，就是其自然价格。所谓自然价格，实际上就是生产商品的社会平均成本。而商品出售的实际价格是它的市场价格，受供求关系和竞争的影响，商品的市场价格有时高于它的自然价格，有时低于它的自然价格，有时和它的自然价格完全相同。

三、工资、利润和地租

既然商品的交换价值由工资、利润和地租构成，那么一国全部年产物必然作为劳动工资、资本利润和土地地租在国内不同居民间分配。其中，劳动生产物构成劳动的自然报酬或自然工资。劳动者维持生活的所需构成了最低工资标准，但在实际经济运行中工资的高低很大程度上由对劳动力的需求决定，对工资劳动者的需求的增加必然导致工资的提高。劳动报酬高既是国民财富增进的必然结果，也是国民财富增进的自然征候。亚当·斯密区分了实际工资和名义工资，前者是劳动的真实报酬，即劳动使劳动者得到生活必需品和便利品的真实数量，后者指货币工资。

不同于工资，利润作为资本的报酬会随着资本的增加而减少，竞争会形成资本的平均利润。鉴于准确确定资本平均利润的困难，可以用货币利息来反映利润的变化，通常情况下两者正相关。亚当·斯密分析在普通情况下以所得利润的一半为利息是合理的。亚当·斯密在第一篇第十章中花了较大篇幅论述工资和利润随劳动和资本用途的不同而不同，从而观察并解释了不同行业、不同地区的工资和利润差异，这种差异既有技术上的因素，又有政策上的因素。

至于地租，亚当·斯密用了冗长的一章进行了论述。亚当·斯密认为作为使用土地的代价的地租是一种垄断价格，它和租地人所能缴纳的数额成比例，比如，土地生产物扣除补偿，提供种子、支付工资、购买农具等农业资本及利润后形成地租。大部分出租土地应得的地租构成土地的自然地租。另外，亚当·斯密注意到地租成为商品价格构成部分的方式是与工资和利润不同，工资和利润的高低是价格高低的原因，而地租的高低则是价格高低的结果。

第三节　论资本

和杜尔哥一样，亚当·斯密认识到资本积累对推动经济发展的重要性。亚当·斯密把人们所拥有的资财（或积蓄，Stock）划分为两部分，一部分用于消费，另一部分用于投资以取得收入，后者称为资本。资本又分为固定资本和流动资本，固定资本包括机器和工具、用于生产的建筑物、土地改良费、人力资本等，流动资本包括货币、待销售的食品、生产材料、待销售的制成品等。需要指出的是，亚当·斯密是从社会而不是从个人的角度划分一个国家或者一个社会的总资财的。比如，用于出租的房子，对于个人而言提供了收入，因而具有资本作用；但对社会公众而言则不提供收入，不具有资本作用。

　　一个国家土地和劳动的年产物的全部价值构成总收入，但需要从总收入中扣除维持固定资本和货币的费用后才构成供居民自由使用的纯收入。以纸币代替金币，即以一种低廉的商业工具代替昂贵的商业工具，可以减少维持货币的费用，从而增加社会的纯收入①。亚当·斯密进一步把年产物分为两部分：一是补偿食品、材料和制成品等流动资本的部分；二是以利润形式作为资本所有者的收入或者以地租形式作为地主收入的部分。两者的比例决定了一国维持生产性劳动的基金，增加了生产性劳动者的人数，从而增加了一国人民的真实财富与收入。亚当·斯密从资本积累的角度倡导节俭，认为奢侈者蚕食了资本。

---

① 亚当·斯密考察了银行借贷业务和纸币对金币的替代原理。

第四节　自由主义思想和政策主张

　　亚当·斯密是坚定的经济自由主义的倡导者。他认为人类受经济利己主义的驱使，每个人都不断地努力为自己所能支配的资本找到最有利的用途，他所考虑的不是社会的利益，而是他自身的利益，但他对自身利益的研究自然会或者毋宁说必然会引导他选定最有利于社会的用途。因为每个社会的年收入等于其产业的全部年产物的交换价值，而每个个人都在自利性的驱动下努力使其生产物的价值达到最高程度，他就必然竭力使社会的年收入尽量增大起来，尽管他通常既不打算促进公共的利益，也不知道他自己是在什么程度上促进那种利益。这里，亚当·斯密提出了著名的"看不见的手"的论点，"他受着一只看不见的手的指导，去尽力达到一个并非他本意想要达到的目的……他追求自己的利益，往往使他能比真正出于本意的情况下更有效地促进社会的利益"。因此，亚当·斯密反对重商主义的政策主张，支持重农主义自由放任（Laissez-Faire）的政策主张。他指出："如果政治家企图指导私人应如何应用他们的资本，那不仅是自寻烦恼地去注意最不需要注意的问题，而且还是僭取一种不能放心地委托给别人，也不能放心地委之以任何委员会或参议院的权力。把这种权力交给一个大言不惭、荒唐地自认为有资格行使的人，再危险不过了。"[1]

　　对于政府的作用，亚当·斯密认为在天然自由体系下政府主要有三

---

[1]　亚当·斯密《国富论》第四篇第二章。

大职责：一是保卫社会使之免受其他独立社会的暴行和侵犯的职责；二是尽可能保护社会的每一个成员，使之免受其他成员的不公正行为或压迫的职责，或建立严格的司法行政的职责；三是建设和维护某种公共工程和公共机构的职责。其中，前两种职责中的政府作为"守夜人"的角色提供国防和司法。第三种职责包括公共设施和教育等公共工程，由私人经营时利润不能偿还支出；而由大社会经营时，利润常能补偿支出而有余。

第四章　政治经济学科的形成

尽管亚当·斯密成功地系统化了前人的经济思想，并产生了超凡的影响，但他的追随者不满于他所建构的体系及建构体系所采用的方法，他们试图更多地运用抽象演绎而不是经验归纳的方法，构建更加具有一般化的政治经济学体系，使政治经济学成为一门独立的逻辑严密的学科。

第一节　几位重要的贡献者

一、马尔萨斯

马尔萨斯（Thomas Robert Malthus，1766—1834 年）是古典经济思想中一位重要又特别的人物，他的一些观点有别于其他古典政治经济学者。马尔萨斯最大的声望来自他的《人口论》，该书于 1798 年匿名出版，之后广为传播，1803 年由皇家经济学会再版。马尔萨斯认为人口是按照几何级数（1，2，4，8，16，…）增长的，而食品供应量只会按照算术级数

（1，2，3，4，5，…）增长。人口增长快于物质资料增长的趋势是实现乐观主义者眼中完美世界的一大障碍。根据所观察到的人口每 25 年翻一番的现象，马尔萨斯写道："200 年后，人口和生活资料之比将为 256 比 9；300 年后，人口与生活资料之比将为 4096 比 13；2000 年后，两者之间的差距将大得几乎无法计算。"马尔萨斯同时指出限制人口增长超过食物生产趋势的手段主要包括两个方面：一是提高死亡率的"积极"手段，包括饥荒、穷困、瘟疫和战争等[①]；二是降低出生率的"预防性"手段，包括减少婚姻、晚婚、节育等道德约束[②]。

马尔萨斯相信经济系统受最高的自然秩序支配，但他却并不认同亚当·斯密关于自然秩序的结果必然是有益的观点，具有悲观主义色彩。历史的发展并没有支持马尔萨斯的悲观预言，一方面，社会变迁自然地降低了人类的生育率；另一方面，技术进步改变了物质资料的增长方式。不过，人口呈几何级数增长过程中的食物问题启发了达尔文"物竞天择"的进化论，社会达尔文主义又把自然选择的思想带回人类经济社会的竞争和演化中。

除了《人口论》外，马尔萨斯还在 1820 年出版了《政治经济学原理》，并成为那个时代大不列颠最重要的政治经济学家[③]。在政治经济学领域，马尔萨斯在供求均衡问题上有着与古典经济学家尤其是与萨伊完全不一样的观点，在价值论和收入分配问题上有着与李嘉图完全不一样的观

[①] 正是基于这一观点，马尔萨斯反对当时英国的济贫法，其一些观点在 1834 年济贫法修正案中被采纳。

[②] 马尔萨斯亲身践行了他所宣扬的观点，38 岁结婚并最终只成为三个孩子的父亲。与之相对照的，马尔萨斯的密友李嘉图 21 岁结婚并育有八个孩子。

[③] 1805 年马尔萨斯被任命为东印度学院的政治经济学教授，他成为英国（或许是世界上）第一位职业的经济学教授。

点。马尔萨斯的这些经济思想将在本章的第二节和第三节中讨论。值得一提的是，马尔萨斯和李嘉图之间的伟大争论和难以置信的友谊。李嘉图在给马尔萨斯的最后一封信中写道："我亲爱的马尔萨斯，现在，我即将离去。和其他争论者一样，在大量的讨论之后，我们各自得到了属于自己的观点。然而，这些讨论从没有影响过我们之间的友谊；如果你赞同我的观点，那么我就不会像现在这样喜欢你了。"

二、边沁

边沁（Jeremy Bentham，1748—1832 年）是功利主义哲学的创始人，他认为人生的目标是寻找自己最大的快乐，对于社会而言，其目标是最大化多数人的最大幸福。对于那些可能妨碍多数人最大利益的个人利己主义，需要通过法律和道德进行约束。在边沁的功利原理中，社会中所有人都是平等的，社会的总福利就是社会中所有人的福利的总和。如果一个人从政策的改变中获得的福利比另一个人失去得更多，那么社会总福利是增加的。边沁进一步指出个人利益与社会利益并不总是一致的，这有别于亚当·斯密所认为的个人追求利益最大化必然会导致社会利益最大化。边沁把功利准则作为评判现存社会制度和立法改革的道德基础，将功利主义类比于自然科学中牛顿定律的原则。

与亚当·斯密重点关注交换价值和供给成本不同，功利主义的效用原则从市场需求一方着手，使用货币作为衡量快乐和痛苦的尺度。这对之后的经济学发展产生了重要影响。当然，这里也存在一个问题，即根据持有货币量的不同，货币对于不同的人意味着不同的效用。货币边际效用递减的原理与边沁所倡导的平等主义是不相符的，平等主义认为任何行为对于每个人而言都会导致完全一样的快乐或者痛苦。这一矛盾在古典政治经济学时期没有得到解决，不过却对后来的边际主义者产生了重要影响。

三、詹姆斯·穆勒

边沁的功利主义思想在很大程度上通过詹姆斯·穆勒（James Mill，1773—1836 年）而产生影响。詹姆斯·穆勒通常以其对李嘉图的影响和对他的儿子约翰·斯图亚特·穆勒的严格教育而闻名。其实，早在 1808年他就因写作小册子《商业保护论》而作为政治经济学家闻名。詹姆斯·穆勒比萨伊更加明确地表达了后来被称为"萨伊定律"的思想：生产过剩通常是不可能的。他的理由是，对物品的需求来自收入，生产增长时，收入也增加了。任何国家在任何时候所创造的物品增量恰好等于同一时期所创造的新增购买力，因而一国绝不会自然地出现资本或商品的过剩储备。

李嘉图的《政治经济学及赋税原理》出版后，詹姆斯·穆勒将其讲授给年仅 13 岁的约翰·穆勒，并以约翰·穆勒笔录讲稿为基础在 1821 年出版了《政治经济学要义》。詹姆斯·穆勒仿照萨伊的《政治经济学概论》以最为简明和抽象的形式复述了李嘉图的理论，提出政治经济学研究内容的"四分法"：①什么是决定商品生产的规律；②什么是社会劳动所生产的商品进行分配的规律；③什么是商品彼此进行交换的规律；④什么是决定消费的规律。

第二节 萨伊的《政治经济学概论》

萨伊是亚当·斯密自由主义经济思想在法国的诠释者，被公认为那个时代法国经济学家的领军人物，李嘉图称他为"大陆著作家中首先正确认识并运用斯密原理的人"，马克思称他为"法国庸俗政治经济学的创始人"。

一、萨伊与《政治经济学概论》

萨伊（Jean-Baptiste Say，1767—1832 年）出生于一个商人家庭，少年时就从事商业活动，后到英国接受教育，在那里了解到了英国工业革命，并接触到了亚当·斯密的经济思想。1794—1799 年萨伊担任《哲学、文艺和政治旬刊》的主编，他发表在该刊上的经济论文得到当时的执政者拿破仑的赏识，被委任到财政委员会工作。1803 年萨伊出版了《论政治经济学，或略论财富是怎样产生、分配和消费的》（以下简称《政治经济学概论》）一书，宣扬亚当·斯密的自由主义经济思想。不过，由于拒绝拿破仑让他修改关于关税政策的某些章节的要求，萨伊在《政治经济学概论》出版的同时被解职①，并被查封一切著作和禁止从事学术研究工作。1815 年波旁王朝复辟后萨伊被派往英国考察工业，他在英国期间

①　拿破仑查封了萨伊的一切著作，禁止萨伊从事学术研究工作，并委派他担任海关税收征管员，但萨伊并没有屈服，而是又回到商界经营纺织厂。

曾在格拉斯哥大学讲授政治经济学。从 1816 年起萨伊在法国大学讲授政治经济学，并将讲稿整理为《实用政治经济学全教程》，并于 1828—1829 年出版。在《实用政治经济学全教程》中，萨伊虽然扩大了讨论范围，并加入了关于社会制度的经济影响分析，但主要理论内容仍然是《政治经济学概论》。

二、萨伊的体系

萨伊并不是简单地复述亚当·斯密的经济思想，而是将其一般化、体系化和科学化。《政治经济学概论》由"导论"、第一篇"财富的生产"、第二篇"财富的分配"、第三篇"财富的消费"四部分组成。在"导论"中，萨伊开宗明义地指出政治经济学旨在阐明财富是怎样生产、分配和消费的，而政治学则是研究社会秩序所根据的原则，两者在长时间内被混为一谈。因此，萨伊主张把两者分开，把政治经济学变成纯理论的科学，使其和物理学等自然科学一样。基于这一目标，萨伊认为亚当·斯密的《国富论》是不齐整的奇妙的创造性理论，许多地方都欠明晰，全部著作几乎都缺乏条理。为此，萨伊开创了著名的经济学"三分法"，把政治经济学划分为三个部分：财富的生产、财富的分配、财富的消费。萨伊建立的政治经济学体系被后来绝大多数古典政治经济学家接受，这是萨伊对政治经济学科的建立和独立做出的重要贡献。

三、价值论

萨伊继承了亚当·斯密的生产成本价值论，即物品的交换价值由生产成本决定，但他强调物品的效用是（交换）价值的基础。萨伊认为所谓生产，不是创造物质，而是创造效用，创造具有任何效用的物品，就等于创造财富。这是因为物品的效用就是物品价值的基础，而物品的价值就是由财富所构成的。换言之，财富是由物品的价值构成的，而物品价值的基础是其效用，因此，财富的生产就是创造效用，创造效用就等于创造财富。为什么说物品的效用是价值的基础呢？萨伊认为人们所给予物品的价值是由物品的用途决定的，没有用的东西，谁也不肯给予其价值。基于效用是物品价值基础的论断，萨伊认为价值是劳动的作用、自然所提供的各种要素的作用和资本的作用联合产生的成果，商品的价值是由效用的生产费用，即工资、利息和地租决定的。可见，萨伊放弃了亚当·斯密关于用所能购买或支配的劳动量作为商品真实价格衡量指标的劳动价值（衡量）论，继承了亚当·斯密关于商品价格由工资、利润和地租构成的自然价格思想，并把效用（或者使用价值）作为商品价值的基础。萨伊认为价格是测量物品价值的尺度，而物品的价值又是测量物品效用的尺度。

四、"三位一体"的分配论

基于劳动、资本和土地共同创造财富的生产三要素论，萨伊建立了"三位一体"的分配论，即土地—地租、资本—利息、劳动—工资。萨伊在亚当·斯密的基础上，进一步把利润区分为企业主收入和资本利息，利息是对资本的使用所付的租金，而企业主收入则是对企业家事业心、才干、所冒风险等的报酬，即企业家的工资。萨伊盛赞企业家，认为企业家需要兼具那些往往不可兼得的品质和技能，即判断力、坚毅、常识和专业知识。萨伊关于企业家收入与资本利息的区分以及对企业家作用的认识被后世的经济学家广泛接受。

对于地租问题，萨伊认为地租来自土地的生产性服务，这有别于亚当·斯密的观点，亚当·斯密认为地租是土地的垄断价格，是对土地年产物的扣除。萨伊从劳动、资本和土地协同创造价值的角度出发，认为社会各阶层之间的利益是一致的。

五、萨伊定律

萨伊认为人们生产的目的是消费，当人们销售生产物获得货币后，会立刻把它换成自己需要的生产物，在以产品换钱、钱换产品的两道交换过程中，货币只一瞬间起作用。当交易最后结束时，我们将发觉交易总是以一种货物交换另一种货物。任何人从事生产都是为了消费或销售；销售则是为了购买对他直接有用或是有益于未来生产的某种其他商品。所以当一个人从事生产时，他若不是成为自己商品的消费者，就必然会成为他人商品的购买者和消费者。换言之，生产给产品创造需求。这种观点被称为"萨伊定律"：供给创造需求。既然供给会创造自己的需求，那么总供给和总需求就会相等，不会存在生产过剩的危机。当然，萨伊也观察到了滞销的现象，但他认为这只会发生在个别商品生产部门，而且其原因是其他生产部门生产不足。萨伊还认识到了竞争机制对供需的自发调节作用，反对干预经济活动，认为除非政府当局愚昧无知或贪婪无厌，否则一种产品供给不足而另一种产品充斥过剩的现象绝不会永久存在。

尽管遭到了同时代的马尔萨斯的反对，但萨伊关于供求均衡的思想主宰了古典经济学以及后面的新古典经济学，直到 20 世纪 30 年代现代宏观经济学的创立者凯恩斯对其提出批评。凯恩斯认为当未来具有不确定性时，消费者以现金的形式持有储蓄是理性的，这就是所谓的"流动性偏好"；当货币不只是"一瞬间起作用"时，萨伊定律就被打破了，基于此他提出了有效需求不足和需求决定供给的"凯恩斯定律"。20 世纪 70 年代的供给学派又重新肯定了萨伊定律。

第三节　李嘉图的《政治经济学及赋税原理》

李嘉图继承了其前辈诺思的抽象演绎方法论主张，试图使政治经济学像欧几里得几何学一样严密，在《政治经济学及赋税原理》一书中，李嘉图构建了具有缜密分析逻辑的经济理论。

一、李嘉图与《政治经济学及赋税原理》

李嘉图（David Ricardo，1772—1823 年）14 岁时就结束了正规的学校教育而从事证券经纪业务，25 岁左右成为拥有百万英镑的大资产者，43 岁从商界退休转而致力于经济研究，47 岁当上了议会下院议员，倡导其政策主张，51 岁去世时留下了那个时代只有国王才能拥有的巨额财产，这些财产集中在田产和抵押借贷上。

李嘉图是一位道德高尚的人，他经常倡导一些与自身利益相冲突的政策，他拥有大量土地却倡导不利于土地所有者的经济政策，他拥有巨额财产却倡导对财产增税，他作为议会议员却倡导可能会剥夺他自己议会席位的改革。

1799 年 27 岁的李嘉图开始研读《国富论》并对政治经济学产生了浓

厚兴趣，1809 年他开始发表关于货币银行、地租、谷物价格、关税等经济问题的作品。1817 年李嘉图出版了《政治经济学及赋税原理》（1817—1823 年出版了三个版本）。《政治经济学及赋税原理》全书结构比较松散，共有三十二章，其中第一章到第七章是政治经济学原理部分，第八章到第十八章运用前面所述的政治经济学原理专门讨论赋税问题，第十九章至第三十二章主要是针对前面两部分所做的补充，以及对亚当·斯密、马尔萨斯、萨伊等的理论观点的评论。尽管全书结构比较凌乱，但和萨伊一样，李嘉图试图使政治经济学科学化。不同于亚当·斯密的经验归纳方法，李嘉图采用纯粹抽象演绎的方法，并构筑了一个具有严密分析特点的体系。

二、劳动价值论

价值论构成了《政治经济学及赋税原理》的第一章，是李嘉图经济理论分析的逻辑起点。李嘉图基于亚当·斯密所提出的"价值悖论"开始其交换价值分析，有些商品的效用很大但没有（交换）价值，而有些物品的效用不大却有很高的（交换）价值。李嘉图认为有交换价值的商品必须有使用价值，但是效用不是交换价值的源泉，有使用价值的商品的交换价值来源于商品的稀缺性和获得商品所需要的劳动量。其中，稀缺性决定商品的交换价值是特例，绝大多数商品的交换价值来源于生产所需的劳动。

李嘉图认为亚当·斯密找到了交换价值的原始源泉，但却树立了另一种价值标准尺度，即各种物品价值的大小和它们所能交换的劳动量成正比，要使亚当·斯密的价值论前后一致，就应该认为一切物品价值的大小和它们生产过程中所投下的劳动量成比例。李嘉图提出了他自认为是政治经济学上一个极端重要的学说："如果体现在商品中的劳动量规定商品的交换价值，那么，劳动量每有增加，就一定会使其施加劳动的商品的价值增加；劳动量每有减少，也一定会使之减少。"

可见，在价值论上，李嘉图与萨伊是完全相反的。萨伊放弃了亚当·斯密的劳动价值论而继承了生产费用决定价值的观点，李嘉图则修改了亚当·斯密的劳动价值论，把劳动价值衡量论修改为劳动价值决定论，认为是生产商品的劳动量而不是商品所能购买的劳动量决定商品的价值。李嘉图在自己的著作中和写给萨伊的信中质疑道："当我为换取一磅黄金所付出的毛呢二千倍于为换取一磅铁所付出的数量时，这能说明我认为黄金的效用二千倍于铁吗？"至于萨伊所认为的资本、土地和劳动共同创造价值，李嘉图认为自然要素尽管大大增进了商品的使用价值，但从来不会增加商品的交换价值；对于机器，李嘉图认为机器能够大大增进一个国家的财富，但是不会增加财富的价值。李嘉图实际上把财富（物品的使用价值）与价值（物品的交换价值）分开了。

三、分配论

分配论在李嘉图的政治经济学原理里具有中心地位，他认为确立支配社会产品为地租、利润和工资的分配法则以及这些收入的动态，乃是政治经济学的主要问题。李嘉图继承并发展了亚当·斯密的分配理论。首先，李嘉图提出了级差地租论：最肥沃的土地利用最少的劳动和资本就能够生产出最高产量的粮食，在贫瘠的土地上用同等数量的劳动只会生产出更少的粮食，而粮食的价格是由在最贫瘠的土地上耕种所花费的更高的成本来决定的，这样，更肥沃的土地就能够拥有更高的地租。李嘉图认为经济地租是因对土地原有的、不可毁灭的自然力的使用而支付给土地所有者的租金，是非劳动所得。贫瘠土地生产所需劳动量决定的粮食价格超出肥沃土地生产成本的部分给肥沃土地所有者提供了一种无偿的收入，即经济地租。这里，粮食价格决定了地租，而不是相反的情况。

工资方面，李嘉图与亚当·斯密一样都认为对工人工资的支付来自资本家的"工资基金"，实际工资倾向于保持在维持最低生活的水平线上，即所谓的"工资铁律"，或者工资的最低生存说。李嘉图进一步分析，随着人口的扩张，需要逐步在生产力更差的贫瘠土地上耕种，生产单位成本粮食的劳动量必然上升，粮食价格也随之上升。为了维持工人的实际工资水平，需要支付更高的货币工资，这意味着资本只能获得更低的利润，会导致资本积累和经济增长率的下降。李嘉图据此认为土地所有者的利益总是与社会其他各个阶级的利益相对立。与亚当·斯密一样，李嘉图看到了工业扩张是社会财富增长的重要来源，他因此反对当时旨在保护地主阶级利益而限制粮食进口的《谷物法》，他认为这类法律政策会导致工场主利润降低，抑制资本积累，从而使经济陷入一种静止状态：人口停止增长，投资净额为零，人均收入维持不变。李嘉图主张取消关税，通过自由贸易来延缓这一可怕的静止状态的出现。

对于李嘉图的分配理论，马尔萨斯进行了反驳，他认为地主阶级的利益与社会进步相一致，地主获得更高的租金有助于他们改良土地，提高土地生产力。另外，马尔萨斯反对供给和需求均衡的"萨伊定律"，地主阶级对于奢侈品的购买有助于防止一般性生产过剩的发生。马尔萨斯在《政治经济学原理》中写道："有点奇怪的是，李嘉图先生，一个收取地租相当可观的人，会大大低估地租的重要性；而我，从来没有收取，也不打算收取任何地租的人，却可能因为高估了它们的重要性而受到指责。"

四、国际贸易论——比较优势理论

在国际贸易理论方面，李嘉图拓展了亚当·斯密的分析，这种分析非常直观地展示了李嘉图的劳动价值论和抽象推理方法。假设英国和葡萄牙两个国家生产布和酒两种产品，在亚当·斯密的贸易理论里，只有当这两个国家分别在某一产品上具有绝对成本优势时，两个国家才会发生国际贸易。比如，英国在生产布上具有成本优势，而葡萄牙在生产酒上具有成本优势，这样英国专门生产布而葡萄牙专门生产酒，然后英国的布和葡萄牙的酒进行国际贸易，这样显然可以节约成本。这是国际贸易的绝对优势（Absolute Advantage）理论，即每一个国家在其中一种商品上具有绝对的成本优势。李嘉图则证明了即使其中一个国家在两种商品上都具有绝对成本优势，也可能发生国际贸易。如表4-1所示，英国生产单位布和酒所需要的劳动时间分别为100个工时和120个工时，而葡萄牙分别为90个工时和80个工时，葡萄牙在两种商品的生产上都具有绝对成本优势。但是，相对而言，葡萄牙在酒的生产上具有更大的成本优势。在英国，单位酒和布的相对价格为1.2，在葡萄牙为0.9，即相对而言，英国的布更便宜，而葡萄牙的酒更便宜。这就是比较优势（Comparative Advantage）理论，即英国在生产布上具有比较优势，而葡萄牙在生产酒上具有比较优势。在这种情况下，英国的布和葡萄牙的酒发生国际贸易对双方都是有利可图的，因为对于英国而言，需要用1.2单位的布才能换取本国1单位的酒，而1单位的布在葡萄牙则可以换取1.1单位的酒；对于葡萄牙而言，1单位的酒只能换取本国0.9单位的布，而在英国则可以换取1.2单位的布。

这样，英国就会专业化于生产布，而葡萄牙则专业化于生产酒，酒和布的
贸易价格在 0.9 和 1.2 之间。

表 4-1　比较优势原理

	布（工时）	酒（工时）	$P_{酒}/P_{布}$
英国	100	120	1.2
葡萄牙	90	80	0.9

第五章 李嘉图之后经济学的
发展及穆勒的综合

在对经济思想一般化的创造性方面的巨大贡献使李嘉图成为他那个时代最伟大的经济学家。不过，李嘉图的经济学尤其是其劳动价值理论只在19世纪20年代短暂地主导了这个学科，围绕劳动价值论的争论导致了李嘉图体系的解体。之后，西尼尔试图提出另外一种经济学体系，而穆勒则在李嘉图的基础上吸收了其批评者的思想，形成"穆勒的综合"，完成了古典政治经济学的建构。

第一节 围绕李嘉图劳动价值论的争论

李嘉图的劳动价值论引发了一场关于价值论的论战，这场论战始于马尔萨斯《政治经济学原理》问世的1820年左右，持续了十年之久，争论的结果是对劳动价值论的放弃和李嘉图体系的解体。

一、李嘉图劳动价值论的困境

李嘉图劳动价值论的主要困境在于难以解释价格现象。首先是资本和利润对价格的影响问题。举个例子，假如一个农场主和一个工场主分别雇用 100 名工人种植谷物和制造用来纺纱的机器，如果工资为每人 50 个货币单位，利润率为 10%，那么谷物和机器的价值都是 5500 个货币单位，其中 5000 为工资，500 为流动资本的利润。第二年，农场主和工场主继续分别雇用 100 名工人种植谷物和纺纱，谷物的价值依然是 5500 个货币单位，而纱的价值则为 6050 个货币单位，其中 5000 为工资，500 为流动资本的利润，550 为固定资本（机器）的利润。这样看来，商品的价格就不单单是由劳动决定的，还取决于资本。在不同的行业中，不同的资本—劳动比率，工资（或利润）所占的比重也不尽相同，商品的价值并不会严格地与劳动量成比例。对此，李嘉图并不否认，在他 1820 年给其朋友及拥护者麦克库洛赫（John Ramsay McCulloch，1789—1864 年）的信中甚至写道："有时，我在想，如果我再去写书中关于'价值'的一章，我应当承认，商品的相对价值受到两个原因而不是一个原因的制约，这两个原因是生产所考察商品必需的相对劳动量以及商品进入市场前资本处于休眠时期的利润率。"有的经济思想史学家据此认为李嘉图放弃了劳动价值论而转向生产成本价值论。不过，考虑到该信写于《政治经济学及赋税原理》第二版出版之后、第三版出版之前，依据第三版内容可以判断李嘉图始终主张劳动是解释价格变化的最重要成分，他认为资本和利润对相对价格的影响是有限的，相对价格变化中的 93% 能够通过生产商品所需要的劳动量的变化得到解释。

李嘉图劳动价值论无法解释的第二种价格现象就是其反对者提出的著名的新旧葡萄酒价格问题。窖藏地下的陈年葡萄酒的价格远高于新葡萄酒的价格，这显然无法用劳动量的大小来解释，因为生产陈年葡萄酒并没有大量增加劳动。

二、贝利的批判

在李嘉图劳动价值论的反对者中，贝利（Samuel Bailey，1791—1870年）的批判是最有力的。贝利在1825年出版的《对价值性质、尺度和原因的批判考察》中指出，价值除了仅仅表示两个物品作为可交换的商品相互间的比例之外，不表示任何肯定的或内在的东西，即价值是商品之间的一种比例，不是商品内在的东西，研究不变的价值尺度是虚幻的。对于价值的源泉或原因，贝利区分了三种不同的商品类别：一是出于自然或偶然的条件免于竞争的商品，二是竞争者需要以更高的成本增加生产的商品，三是竞争不加限制地发生作用（即以不变的成本增加生产）的商品。不同类型的商品的价值由不同的因素决定，其中稀缺性是价值的一种最广泛的源泉，交换的许多重要的商品的价值必须以此为它的来源。比如，地租可以用稀缺性来解释。

三、詹姆斯·穆勒和麦克库洛赫的辩护

面对反对者的批评，李嘉图的拥护者有针对性地进行了辩护，并试图使劳动价值论摆脱困境。针对资本和利润对价格影响的问题，詹姆斯·穆勒把资本作为一种"蓄积的劳动"，商品的价值决定于生产费用，而生产费用是活劳动和蓄积劳动的结合，两者的加总决定商品的价值，因此商品

的价值根本上是由劳动决定的。针对新旧葡萄酒价格问题，麦克库洛赫把劳动定义为凡是能引起合乎人的愿望的结果的所有操作。根据这一定义，牲畜和自然力也可以劳动并创造新价值，因为其可以引起合乎人愿望的结果。窖藏酒的增值是由于酒在窖藏期间，发生一种人们所期望的自然作用，自然作用因此也是一种劳动。

詹姆斯·穆勒和麦克库洛赫试图通过放宽劳动的范畴来坚持劳动价值论，但结果却是承认了资本和土地（自然力）在价值创造和价格形成中的作用，实际上论证了被李嘉图放弃的亚当·斯密的生产成本价值论，所不同的是分别给资本和土地（自然力）套上了劳动的外衣，这对于经济分析而言是没有必要的"迂回"。承认资本和利润以及土地的稀缺性对价格的普遍影响本质上就是放弃了李嘉图的劳动价值论。

第二节　西尼尔的四个公理

尽管贝利的批判产生了重要影响，但他并没有提出李嘉图体系的替代品，试图完成这一工作的是贝利批判性著作出版当年成为牛津大学首位政治经济学教授的西尼尔（Nassau William Senior，1790—1864 年）。

一、四个公理

西尼尔主张政治经济学应该独立于公共政策，他认为政治经济学家的职责既不是建议，也不是劝阻，而是阐明财富生产和分配的基本原理。他认为政策职能属于已经全面考虑了能够促进或妨碍它所代表的人们的总体福利各种因素的学者和政治家，而不属于那些只考虑了一个因素（尽管可能是最重要的因素）的理论家。

在 1836 年出版的《政治经济学大纲》中，西尼尔提出了政治经济学的四个公理，并认为可以从这四个公理中推导出一套完整的政治经济学理论。西尼尔是经济学史上第一个提出构建经济理论前提或公理的人，熊彼特甚至认为，作为纯理论方面的大胆尝试，西尼尔的成就在李嘉图之上。

（1）最大化原理：每个人都希望用尽可能少的牺牲去得到更多的财富。

（2）人口原理：世界上的人口，或者说世界上的居民数目，只受道德堕落或自然灾害的限制，或只受担心缺乏财富的限制。

（3）资本积累原理：创造财富的劳动和其他工具，如果用其所生产的产品作为进一步生产的手段，那么劳动和其他工具的生产能力可以无限提高。

（4）报酬递减原理：如果农业技术不变，在某一地区内的土地上所使用的额外劳动一般将得到一种比例较小的报酬，换言之，随着劳动投入的每一次增加，总的报酬也随之增加，但报酬的增加和劳动的增加不成比例。

二、供给需求价格论

在价值论上，西尼尔试图综合萨伊和贝利的思想，他认为商品的交换价值取决于需求和供给。需求方面，他发挥了萨伊的效用观点，并洞见了边际效用递减的思想：任何一类商品所能提供的愉快总有一定的限度，在达到这个限度之前，它所能提供的愉快早已在迅速递减。供给方面，西尼尔认为生产成本提供了价格范围：现有生产者的成本是价格的下限，潜在生产者的成本是价格的上限，而需求会决定价格与边际成本相一致的位置。因此，稀缺性对商品的交换价值具有普遍重要的影响。

三、节欲论

西尼尔认为稀缺性不仅会影响商品的交换价值，还会影响劳动、资本和土地等生产要素的价值。对于资本和利润，西尼尔提出了政治经济学词典里的新名词——"节欲"（Abstinence），他写道："尽管人类劳动和独立于人类力量之外的自然界的产物是最基本的生产性力量，但它们需要第三种生产性要素的合作以使它们达到充分的效率……通过节欲这个词，希望表达一种不同于劳动和自然界产物的力量，它的作用对于资本的存在是非常必要的，它与利润的关系和工资与劳动的关系是一样的。"西尼尔所谓的"节欲"是指一个人放弃他可以支配的东西的非生产性使用（即消费），或者故意选择长远而不是立即产生结果的生产。正如劳动是工人放弃自己的安乐和休息所做的牺牲一样，资本是资本家放弃消费给予他的享乐和满足所做的牺牲，因此利润和工资一样都是对节欲行为的报酬。

第三节　穆勒的综合

穆勒（John Stuart Mill，1806—1873 年）是古典学派最后一位伟大的经济学家，也是古典政治经济学的集大成者，他对古典政治经济学的大综合而形成的《政治经济学原理》出版于 1848 年，该书成为经济学领域重要的教科书已超过 40 年，也使穆勒成为那个时代最重要的经济学家。

一、穆勒生平

穆勒是詹姆斯·穆勒的儿子，老穆勒善于成就别人，他鼓励、督促李嘉图进行写作、出版和从政，使边沁的思想普及并帮助其建立了所谓的哲学激进派。对于自己的儿子，老穆勒则进行了严格的训练，努力培养穆勒来传承功利主义哲学、政治学和政治经济学先驱们的伟大事业。穆勒在《自传》[①] 中描述了他令人惊奇的成长历程：3 岁开始学习希腊语；8 岁开始学习拉丁语；12 岁时掌握了代数和初等几何，并开始学习微积分和逻辑学，那时他已经写了一本关于罗马政府历史的书；13 岁开始学习政治经济学；15—18 岁编辑出版了边沁的五卷手稿；19 岁开始独立发表学术论文。但是，过于严苛的教育经历和正常童年生活的缺失使他 20 岁时就患了神经衰弱症。幸运的是，诗歌和爱情帮助他从神经衰弱的病痛中恢复过来。

大约从 1830 年开始，穆勒以李嘉图的经济学为研究方法，写了一系列经济学论文，包括 1836 年发表的《略论政治经济学的某些有待解决的问题》。1844 年他的《逻辑体系》取得了巨大的成功。1848 年出版了成为经济学教科书超过 40 年的《政治经济学原理》。此外，穆勒还在 1859 年出版了哲学小册子《论自由》，1869 年出版了《妇女的屈从地位》。

---

① 该书在穆勒去世不久后出版。

二、穆勒的体系

穆勒的《政治经济学原理》分为五编：第一编"生产"，第二编"分配"，第三编"交换"，第四编"社会进步对生产和分配的影响"，第五编"论政府的影响"。穆勒体系的一个最重要同时也是最富有争议的特色是区分了生产和分配的规则。穆勒在第二编"分配"的开篇中写道："财富生产的规则和条件，具有某些自然真理的特征。它们之中没有可选择或任意的东西……而财富的分配不是这样，它仅是人类的一种制度而已。东西一旦存在，人类，不管是个人还是集体，都可以以喜欢的方式处置它们。"可见，对于生产规则，穆勒承袭了亚当·斯密等古典经济学家的思想，认为生产受自然秩序和科学原则的支配。在穆勒的经济思想中，稀缺性和报酬递减规律来自自然，是与万有引力定律相似的自然规律，因此生产要素必须与科学原则相结合，财富的生产有自己的必要条件，综合外界自然的因素以及有关人性的事实，不随社会制度结构而改变，超乎人类控制。但是，财富的分配规则是人类制度的一部分，是社会问题，任何社会的财富分配方式都由社会的法律或社会的习俗来决定。

对于人性，穆勒在西尼尔以最小牺牲获取最大收益观点的基础上提出了"经济人"概念。根据"经济人"概念，穆勒认为政治经济学实质上是一门抽象的科学，它所采用的方法是演绎法，从某些假设（如人性）中推导出结论。不过，穆勒也指出，经济学家从其演绎模型中得出的结论应当通过与事实的比较予以检验。

三、穆勒的价值论

比西尼尔更进一步地，穆勒运用供给和需求分析框架综合了各种价值理论，并在实际上放弃了李嘉图的劳动价值论。穆勒认为，一种商品的价值是以它能够购买其他商品的总的能力来衡量，价格是以货币的形式来表示一种物品的价值，价格可能会上升，但价值不会普遍上升。穆勒指出，"效用"和"难以获得"是交换价值的条件，一件商品的交换价值不可能高于买主所估计的使用价值。不过，穆勒认为价值理论的目的是解释相对价格，他放弃了对绝对价值的探索，发展了"供给—需求"分析。穆勒用文字写出了供求函数的思想，即需求的数量和供给的数量随着价格的变化而变化。

对于价值理论，与贝利一样，穆勒区分了三种不同情形。第一种是"数量绝对有限"商品，如古典雕塑和古画，需求和供给决定这类商品的价值，其中需求具有极其重要的位置。第二种是"不增加成本而数量可以无限制地增加"的商品，价值由生产成本决定，穆勒认为大多数可以买卖的产品都属于这一种。第三种是"数量可以无限制地增加但也要增加成本"的商品，价格由在最不利的现有条件下的生产成本决定。穆勒进一步指出，在任何市场上，一种商品的价值永远使需求正好与供给相等，当需求超过供给，即按照市场价值，人们想要买的数量远远超过可供销售的数量，竞争就发生在买者一方，价值就会上升。具体上升多少，取决于物品的属性和购买者的意愿，最终达到使供给与需求相等的那一点。穆勒实际上洞见了供求均衡和需求价格弹性的思想。

穆勒对自己的价值理论非常满意，他在《政治经济学原理》的"交换"一编中写道："在价值规律中没有什么留待现代的或任何一个将来的学者去澄清的东西，关于这个主题的理论已经非常完善了。"当然，正如熊彼特所指出的："穆勒并没有完全廓清供求理论……尽管他比他以前的大多数经济学家要走得远得多。"

四、国际价值规律

穆勒在李嘉图比较优势贸易理论的基础上增加一个国际价值规律，这是他对国际贸易理论所做的最重要的原创性贡献之一。针对李嘉图国际贸易理论没有解决贸易所得在国家之间如何分配的问题，穆勒指出对于一国而言，实际的贸易条件不仅取决于国内生产成本，还取决于国外对每种商品的需求。以第四章中英国的布与葡萄牙的酒相交换的模型为例，如果英国对进口酒的需求远大于葡萄牙对布的需求，那么贸易收益将有利于葡萄牙，酒和布的价格比将更接近于 1.2，英国需要用更多数量的布来换取酒。与萨伊定律中的供给创造需求相似，一件进口商品的价值就是用来支付出口商品的价值，一个国家能卖到国外的商品构成了它用于购买其他国家商品的收入。因此，可供出口商品的供给就构成了对进口商品的需求，这就是穆勒的"相互需求"理论。

进一步地，穆勒还分析了消费者的倾向与状况（实际上就是指需求弹性）对国际价格和贸易收益国际分配动态变化的影响。比如，假设葡萄牙生产酒的劳动生产率提高，生产单位酒的劳动时间从原来的 80 单位劳动量缩减为 63 单位劳动量，即葡萄牙国内酒和布的价格比从原来的 0.9 变为 0.7，在这种情况下英国的布和葡萄牙的酒的国际贸易价格会发生怎样的变化呢？这取决于英国对进口酒的需求弹性，如果英国对酒的需求缺乏弹性，那么酒的价格就会大幅度下降以促使英国购买葡萄牙增加的酒的产出，这样，英国将会得到大部分葡萄牙劳动生产率提高的利益。

五、穆勒的经济动态学和改良主义

与亚当·斯密及李嘉图一样，穆勒也认为随着经济的发展，利润率会趋于下降，并最终导致李嘉图所说的"静止状态"：资本积累和人均产出不再增加。穆勒写道："在一个由地主、资本家和劳动者组成的社会里，社会的经济进步将会使地主阶层渐渐富有，同时，劳动者的生活费用从总体上说也会不断增长，而利润则会下降。"不过，穆勒认为社会经济进步的结果将会是一种乐观的充分就业下的稳定状态，而不是李嘉图眼里悲观的停滞状态。穆勒不像较老学派的政治经济学家那样以一种"自然的反感"看待资本和财富的静止状态，他认为不应不断追求较快的进步速度，而应该满足于一个巨大的产出和更加平等的收入分配状态。他写道："只有在世界上的落后国家中，提高产出仍然是一个重要目标；在较发达的国家，经济上所需要的是更好的分配。"

对于政府的作用，穆勒首先认为政府应该尽可能减少对生产的干预，他认为：如果政府加以干预，绝大部分事情将会比让对这件事感兴趣的个人来做更差。这一真理的依据被以大致可接受的准确性表述在流行的格言中，即人们对自己的事务和利益的理解和关心要超过政府做到或被期望做到的。对于劳动分工和资本积累已经使经济达到稳定状态的社会，穆勒认为应该改变"经济机器"决定的收入分配格局。穆勒主张对富人征收遗产税，开展免费的公共教育，对使用童工进行管制，政府经营供水等自然垄断部门、开展科学探索、缩短劳动时间等。与《政治经济学原理》出版同一年发表《共产党宣言》的马克思的革命主张不同，穆勒是改良主义者，又被称为"温和的社会主义者"。

第六章　古典政治经济学批判

尽管古典政治经济学的主导思想在 19 世纪上半叶占据了当时欧洲社会经济思潮的主流地位，但其信条和政策主张也受到了不同学派思想家的质疑和批判。在德国，产生了不同于古典政治经济学的经济思想，形成了经济学科发展过程中独具特色的历史学派；在英国和法国，兴起了否定作为古典经济思想基础的自利的人性观、主张集体行动和企业公共所有权的社会主义思潮。马克思在古典政治经济学批判的基础上，写出了不朽的《资本论》。

第一节　德国的李斯特和历史学派

19 世纪的德国存在着与英国截然不同的政治经济制度和国际环境。拿破仑战争之后的和平协定将德国分裂为 39 个独立的大多数实行君主制的联邦，普鲁士是其中最强大、最具军国主义的政权，但在工业发展方面却远远落后于英国。渴望统一和强国的爱国主义、民族主义和重商主义思想在当时的德国盛行。在这样的背景下，德国产生了不同于古典政治经济学的经济思想，形成了经济学科发展过程中独具特色的历史学派。前者反对古典政治经济学的自由贸易信条，提倡贸易保护；后者反对古典政治经济学的逻辑演绎方法，提倡历史经验归纳。

一、李斯特的《政治经济学的国民体系》

李斯特（Friedrich List，1789—1846 年）曾经担任政府职员、大学教授和议会议员，他积极倡导建立德国关税联盟、建设德国铁路网、征收单一直接的收入税、废除工业企业的联邦所有权、废除道路通行税和财产货物税、废除对土地使用的限制等。李斯特的经济发展思想集中体现在他1841 年出版的《政治经济学的国民体系》中。

李斯特认为，为了一个共同目标而结成的个人联盟是保证实现个人福利的最有效的模式。他否认亚当·斯密关于个人与社会利益一致的思想，认为个人的利益应该从属于维持民族和国家统一的需要，并重视政府的作用。李斯特最具影响力的思想是对亚当·斯密自由贸易理论的谴责和对贸易保护的提倡。李斯特认为亚当·斯密和古典政治经济学思想只适用于制造业发展处于优势地位的英国，而不适用于不发达的国家，包括当时的德国。他认为对于制造业发展处于劣势地位的国家，应该在国内实行自由贸易的同时对进口制成品征收高关税，以保护国内新生的"幼稚工业"。保护性关税能够帮助一个国家建立起自己完整发达的制造业生产能力，从而获得工业独立和国内繁荣。一个国家只有等到工业成熟之后，才可以转向自由贸易。

二、罗雪尔与旧历史学派

如果说李斯特主要是在经济思想和政策主张上反对古典政治经济学理论，那么德国历史学派则从方法论上批判古典政治经济学的抽象演绎方法，提倡历史分析的经验方法。历史学派分为旧历史学派和新历史学派，前者试图补充古典理论，后者则希望用历史研究来完全取代古典理论，其代表性人物分别为罗雪尔（Wilhelm Roscher，1817—1894 年）和施穆勒（Gustavvon Schmoller，1838—1917 年）。

作为旧历史学派的奠基人，身为政治经济学的教授，罗雪尔花了 40 年的时间（1854—1894 年）写作五卷本教科书《国民经济学体系》。其中的第一卷于 1878 年被译为英文版的《国民经济学原理》。罗雪尔认为经济学是与一个国家的经济发展规律或其经济活动相关的，而国民经济是一个有机体，是科学理解国民生活的一个方面，需要了解作用于经济的所有其他方面。完全深入地运用历史分析方法可以消除大量关于重大问题的争议。他在《国民经济学原理》中写道："一旦充分理解和认识了政治经济的自然规律，在任何给定的情况下，所要做的就是对相关事实进行精确、可靠的统计分析，调和关于公共经济政策问题的一切争议。"

罗雪尔年轻时系统学习了古典政治经济学的经济思想，并在其教科书的第一卷中提炼出了古典价格理论，这表明他并没有鄙弃抽象的理论，而是要为它寻找历史的依据，他认为经验事实研究是对古典演绎方法的一个必要补充。

三、施穆勒与新历史学派

不同于旧历史学派，新历史学派试图完全取代古典理论，主张仅仅在历史研究的基础上发展经济学。新历史学派的领军人物施穆勒在德国当时的学术界和政界有着巨大的影响力。施穆勒认为收集历史的、描述性的现实资料这项工作应该先于演绎推理，并且比演绎推理重要得多。对此，施穆勒与坚持抽象演绎方法的奥地利边际学派创始人门格尔进行了一场著名的方法论之战。1883 年门格尔在历史主义鼎盛时期出版了一本关于方法论的著作，认为理论方法是首要的，而施穆勒学派的重要性是次要的。施穆勒在《新政治经济学年鉴》中否定性地评论了门格尔的著作，而门格尔则在名为《历史主义的错误》的小册子中进行了回击，他写道："历史学家就像来自国外的入侵者一样参与到我们的科学领域，他们的目的在于强迫我们接受他们的语言、习俗、术语和分析方法，并且偏狭地与每一个和他们的特殊分析方法不一致的研究进行斗争。"这场论战激起了双方的敌对情绪，施穆勒曾公开声称抽象学派的成员不适合在德国大学任教。

在 1894 年出版的《政治经济学及其研究方法》一书中，施穆勒批判了古典政治经济学的观点——存在大量简单、自然的法则和经济制度，经济秩序受自然法则和机械过程支配。他认为经济制度是人类的感觉和思想、行为、习俗和法律的历史产物，经济制度长久地或者持续几百年地支配着经济进程。

在政策主张上，施穆勒积极主张政府应在社会和经济事务方面发挥更为积极的作用，而社会科学应该作为社会改革政策的指导。施穆勒本身是普鲁士国会的上院议员，也是"社会政策协会"的创始人和领导者，他倡导实现更大公平的收入分配，并从青年时期的自由贸易主义转向赞成李斯特的贸易保护主义。

第二节　社会主义者的批判

18世纪后半叶兴起的工业革命在大大促进生产力发展的同时，也摧毁了传统的农业—手工业经济社会秩序，带来了贫民窟、城市病、贫富分化等"工业化的罪恶"。正如穆勒所指出的："如果说一切机械发明已经减轻了今天所有人们的辛苦劳作，那么迄今为止这是有疑问的。机械的发明使更多的人过着一样的做苦力和受监禁般的生活，而发了财的工场主或其他人的数量却越来越多。"针对这种情况，19世纪兴起了关注工人阶级利益的社会主义思潮：批判古典政治经济学的利益和谐观和自由放任主义，否定作为古典经济思想基础的自利的人性观，主张集体行动和企业公共所有权。

一、空想社会主义

空想社会主义出现在19世纪初，主要代表人物有法国的圣西门（Claude-Henri de Rouvroy、Comte de Saint-Simon，1760—1825年）、傅立叶（Charles Fourier，1772—1837年）和英国的欧文（Robert Owen，1771—1858年）。圣西门反对古典经济学家关于个人利益和整体社会利益一致的基本假设，他认为需要限制富人反社会的利己主义，并阻止穷人无政府主义的暴动起义。圣西门是工业主义的提倡者，他将懒惰视为罪恶，这使他的追随者反对继承法，并极力主张财产集体所有权和由聪明人科层管理的集体工业组织，尽管圣西门本人并没有主张废除私人财产。

傅立叶是一位资本主义的批评者，但他与圣西门不同，他不喜欢大规模生产、机械化和集中化。同时，他也谴责商业活动，认为商业掠夺和欺诈导致了资本主义世界中精神的贫乏。1802年傅立叶提出用"和谐制度"代替资本主义制度，用被称为"法郎吉"的基层组织来组织合作式集体主义生产和消费。在"法郎吉"中没有工农差别，没有城乡差别，劳动将成为一种享受，每个人将根据劳动得到公正的分配。在他设想的和谐社会制度的基层组织"法郎吉"中，农业、工业、商业及其他事业所获得的收入，都将按比例分配，发给每个人的红利将按照三种生产资料——资本、劳动和才能确定，分配比例是资本占4/12、劳动占5/12、才能占3/12。

欧文是最著名的空想社会主义者，也是工厂改革家和工会领袖。欧文认为人类的性格由环境决定，一个人应该尽力为社会服务从而获得他的最大幸福，而不是古典政治经济学所宣称的追求自我利益会为社会服务。基于此，欧文将自己经营的纺纱厂改革为一个模拟公社：停止使用童工，提供免费的学校教育，缩短工作日，为工人建造房子，为工人提供成本价的生活资料，等等。欧文进一步呼吁制造业主同道们仿效他的改革，呼吁政府建立"合作公社"来雇用穷人，并在呼吁失败后自己组建"新和谐公社"，他认为他的组织形式会横扫资本主义制度和私人企业竞争体系[1]。当然，欧文的合作社最终失败了。

---

① 欧文给投资于合作公社的资本家5%的投资回报，并相信这些资本家会最终放弃这些利息。

二、西斯蒙第

西斯蒙第（Simonde de Sismondi，1773—1842 年）是一位法裔瑞士经济学家和历史学家①。严格意义上讲，西斯蒙第并不是社会主义者，他没有从根本上否定私人财产制度，也没有提倡公社的生活方式。但他作为社会批判家和古典政治经济学理论的反对者启发了社会主义者。西斯蒙第于1819 年出版了《政治经济学新原理》，该书对古典政治经济学发起了直接攻击。西斯蒙第认为不受限制的自由竞争的经济并不会产生亚当·斯密和萨伊等古典政治经济学家所预期的均衡和繁荣，而是会导致广泛的失业与贫穷。他认为当工资位于维持生存的最低水平时，就会有更多的资金投资于机器设备，投资的繁荣带来制成品的产量增加，而消费品的需求却是有限的，这就不可避免地会导致生产过剩和阶段性的经济危机，并由此出现大范围的失业。

西斯蒙第认为只有国家的干预才能保证工人的生活工资和社会保障，国家应当颁布法律来规范分配，促进平等的收入分配。西斯蒙第是第一个用"无产者"来形容工资劳动者的人，他主张对有产者征收遗产税，主张废止专利权，主张雇主为年老、疾病和失业者提供社会保障，主张利润共享。

对于生产过剩和经济危机，西斯蒙第认为政府应该帮助人而不是帮助工商业。帮助制造业主会造成生产进一步扩大和浪费，而通过公共工程建设创造就业不仅不会给市场增加压力、加剧供给过剩，还会增加需求，穷人是保证工业繁荣的最重要的消费者。当然，政府通过公共工程帮助工人

① 西斯蒙第在历史方面的学术著作包括 16 卷的《中世纪意大利共和史》和 29 卷的《法国民族史》。

的原则是：不与已有企业竞争而给市场带来新的扰动，不提供永久的就业。

第三节　马克思的《资本论》

马克思是古典政治经济学的批判者，也是资本主义制度的批判者和国际共产主义运动的开创者。正如熊彼特在《经济分析史》中所提出的："在马克思的黑格尔高丘上，行动和推理、现实和思想都变成了同一的东西。"马克思的经济思想既是其更为广阔且具有深远影响的社会思想的有机组成部分，又是其社会主义和共产主义运动的有机组成部分。

一、马克思的生平及其社会发展思想

马克思的经济思想是其社会发展思想的深化和细化，正如熊彼特所指出的，在 1848 年《共产党宣言》发表时，马克思已经掌握了构成"马克思主义社会科学"的一切必不可少的东西，唯一的重要空白是在技术经济学领域内，至于以后，他的学术生活的主要路线可以描述为苦心完成的"社会科学"和为填补那些空白所做的一系列努力①。因此，为了理解马克思的经济思想，需要首先了解马克思的生平和他的"必不可少的东西"。

---

① 参考约瑟夫·熊彼特. 经济分析史（第二卷）[M]. 杨敬年译. 北京：商务印书馆，2001.

（一）马克思伟大的一生

马克思（Karl Marx，1818—1883 年）出生于德国普鲁士，他先后在波恩大学、柏林大学学习法律、历史和哲学，23 岁时获得耶拿（Jena）大学哲学博士学位。毕业后就职于《莱茵报》，这是一份代表商业利益的温和自由主义报纸。其间，发生了马克思思想发展史上颇为有名的"林木盗窃问题"事件。针对当时严峻的林木盗窃违法问题，马克思发表了《关于林木盗窃法的辩论》一文，谴责立法机关偏袒林木所有者的利益，剥夺贫民捡拾枯枝等习惯权利。为此，普鲁士当局查封了《莱茵报》，马克思也因此辞去了编辑职务。

1943 年马克思发表了一篇批评俄国沙皇的文章，普鲁士国王接到沙皇的抗议后下令撤销了《莱茵报》的发行许可，25 岁的马克思也因此被驱逐出境，到了巴黎。在巴黎，马克思开始着手研究政治经济学和法国的社会运动。在那里，马克思还于 1844 年遇到了恩格斯（Friedrich Engels，1820—1895 年），两人结成深厚友谊，并肩开展社会主义研究和运动。

1845 年马克思因在《前进周刊》发表批评德国专制主义的文章，被法国政府驱逐出境，被迫到了比利时的布鲁塞尔。同年马克思宣布脱离普鲁士国籍，并与恩格斯一起完成《德意志意识形态》一书，系统阐述了他们所创立的历史唯物主义，明确提出了无产阶级夺取政权的历史任务和科学社会主义主张。1846 年马克思和恩格斯组建了"布鲁塞尔共产主义通讯委员会"，1847 年他们应邀参加"正义者同盟"，并改组为"共产主义者同盟"。

1848 年马克思和恩格斯发表了为共产主义同盟起草的纲领《共产党

宣言》，马克思也因此遭到了比利时当局的驱逐，在法国临时新政府的邀请下回到法国巴黎。同年在德国无产者的资助下，马克思和恩格斯一起回到普鲁士创办了《新莱茵报》。1849 年马克思又被普鲁士政府驱逐，他又到了巴黎，但很快又被法国政府驱逐，前往英国伦敦。此后，马克思一直在英国继续研究、写作和组织工人运动，1864 年组织和领导了国际工人协会，即"第一国际"。此间，马克思将精力逐步集中于经济学研究，常年在大英博物馆的阅览室里钻研复杂的政治经济学分支。1859 年马克思刊行了《政治经济学批判》，1867 年出版了《资本论》第一卷。马克思去世后，恩格斯编校了他的手稿，分别于 1885 年和 1894 年出版了《资本论》第二卷和第三卷；恩格斯去世后，马克思主义者考茨基（Karl Kautsky，1854—1938 年）整理了马克思的剩余手稿，并出版了三卷本的《剩余价值学说》。

（二）马克思的社会发展思想

马克思将黑格尔的辩证法与费尔巴哈的唯物主义结合起来发展出了历史唯物主义。马克思认为人们在生产过程中所形成的生产关系是与他们的物质生产力的一定发展阶段相适应的，这些生产关系的总和构成了社会的经济结构，并在此基础上产生了法律和政治等上层建筑。物质生活的生产方式决定了社会、政治和精神生活的一般特征。当社会的物质生产力发展到一定阶段，就会与现存的生产关系产生冲突。历史是一个静态的生产关系（论题，thesis）与动态的生产力（反论题，antithesis）相互斗争的过程，从而产生允许生产力进一步发展的新的生产关系（综合的新的论题，synthesis），于是就产生了社会变革。经济基础的变化会使整个庞大的上层建筑发生改变。

马克思将社会发展分为六个阶段，分别是原始社会、奴隶社会、封建社会、资本主义社会、社会主义社会和共产主义社会。历史社会制度从低级形态向高级形态演变，而推动社会变革的方式是阶级斗争。马克思和恩格斯以"到目前为止的一切社会的历史（恩格斯在 1888 年英文版《序言》中更正补充说：'这是指有文字记载的历史'）都是阶级斗争的历史"这样的观点开启《共产党宣言》。马克思认为资本主义极大地解放和提高了生产力，但是在资本主义制度下，生产资料的私人所有制会成为生产力进一步发展的障碍。工人阶级的贫困将会引起工人起义，无产阶级革命将推翻资产阶级政权，建立无产阶级专政。在社会主义制度下，资本和土地由国家或者国家设立和管理的合作社公有，作为经济引导力量的利润动机和自由市场被消除，按计划生产，按劳分配。辩证的过程还会继续进行，随着生产力的进步和物质的极大丰富，消费品的私人所有权也将被消除，实行按需分配，国家将消亡，人类进入"自由人联合体"的共产主义社会。

二、马克思的劳动价值论

如前文所述，马克思的经济思想是其思想体系的有机组成部分，马克思的经济分析是其（历史唯物主义）社会发展理论的深化和细化，是为填补那些空白所做的一系列努力，这些努力的主要成果就是《资本论》。马克思在《资本论》第一卷的第一版序言中写道："我要在本书研究的，是资本主义生产方式以及和它相适应的生产关系和交换关系"，"本书的最终目的就是揭示现代社会的经济运动规律"①。也就是说，马克思试图通过揭示资本主义经济运行规律来论证他的社会发展理论，阐释资本主义制度消亡的历史必然性。

不同于古典政治经济学，马克思对资本主义经济运行的分析有其独特的视角，这一独特的视角集中体现在 1859 年出版的《政治经济学批判》一书中，马克思将该书的内容概述在 1867 年出版的《资本论》第一卷的第一章中。马克思认为这一章是最难理解的，因为作为"经济的细胞形式"的"商品的价值形式"必须运用抽象力。马克思的抽象力运用最核心的体现是从商品中抽象出"价值"，并由此形成独特的劳动价值论。

（一）商品的使用价值和价值

商品具有使用价值和交换价值，使用价值是构成财富的物质内容，交换价值是一种使用价值同另一种使用价值相交换的量的关系或比例。马克思认为具有不同使用价值的商品之所以能够交换，是因为它们具有一种等量的共同的东西，即所谓的"第三种东西"。这种共同的东西不可能是使用价值，因为作为使用价值，商品有质的差别，而作为交换价值，商品只有量的差别，"因而不包含任何一个使用价值的原子"。马克思由此撇开商品的使用价值去寻找商品的共同属性，最后发现是劳动产品这个属性。马克思认为不同的具体劳动生产出不同使用价值的产品，但是如果抽去劳动产品的使用价值，具体劳动的各种形式也就消失了，只剩下抽象的无差别的人类劳动。这个无差别的人类劳动的单纯凝结，就是商品的价值。换言之，劳动是形成价值的实体。那么，一个商品的价值量的大小自然就用

---

① 参考马克思.资本论（第一卷）[M].郭大力等译.北京：人民出版社，1975.

它所凝结或者所包含的劳动的量来衡量。当然，这个劳动量是指生产商品所需要的社会必要劳动时间。随着劳动生产力的提高，生产一种物品所需要的社会必要劳动时间就减少，凝结在该商品中的劳动量就减少，该商品的价值也就减少。

（二）价值、交换价值与价格

抽象出了商品劳动价值的马克思批判萨伊等古典政治经济学家是"不知道价值为何物"的"庸俗经济学家"。对于亚当·斯密和李嘉图，马克思认为他们未能区分价值与交换价值。马克思认为交换价值是价值的表现形式，比如商品 A 和商品 B 交换，商品 A 具有获得一定数量商品 B 的交换价值，本质上是通过商品 B 来表现商品 A 的价值，它使商品 B 取得一种特殊的价值形式，即等价形式，两者所凝结的劳动量（即价值量）相等。当所有商品的价值都与同一种商品交换时，该种商品就充当衡量其他商品价值的一般等价物。商品 A 获取一定数量的一般等价物的交换价值就是一般价值形式或者一般等价形式。这种一般价值形式随着金银逐步充当货币角色而转化为货币形式，在货币形式下，商品的价值就表现为价格。综上，交换价值是价值的表现形式，价格是交换价值的货币形式。

（三）劳动的社会性质

在劳动价值论的视角下，马克思撇开了使用价值（物质财富）、交换价值（价格）、货币等古典政治经济学的重点研究领域，马克思认为这些都是资本主义制度的表面现象，科学分析应该透过现象看本质，探索资本主义生产、分配和交换过程背后劳动的社会关系，即资本主义生产关系。

马克思指出劳动产品一旦采取商品形式，就把人们本身劳动的社会性质反映成劳动产品本身的物的性质，反映成这些物的天然的社会属性，从而把生产者同总劳动的社会关系反映成存在于生产者之外的物与物之间的社会关系。正如宗教世界里把人脑的产物表现为有生命的、彼此发生关系并同人发生关系的独立存在的东西，在商品世界里，人手的产物也是如此，马克思因此称之为"拜物教"。商品拜物教性质来源于生产产品的劳动所特有的社会性质。

马克思认为商品世界的完成的形式，即货币形式用物的形式掩盖了私人劳动的社会性质以及私人劳动者的社会关系，而这层外衣或者"神秘的面纱"在自给自足经济、中世纪封建领主经济和未来自由人联合体经济中都是不存在的。资产阶级经济学家受商品拜物教性质的迷惑，只研究表面货币形式下物与物之间的社会关系，而未能揭示被掩盖的人与人之间的社会关系。

三、资本主义生产关系

按照马克思所说的"除了价值形式那一部分外，不能说这本书难懂"。马克思从劳动价值论的视角，在《资本论》第一卷和第二卷中，从抽象的劳动价值的层面剖析了资本的生产和流通过程。戴上劳动价值论的"透视眼镜"，就能较好地理解马克思对资本主义生产关系的揭示。

（一）剩余价值与剥削

马克思指出资本的目的是增殖，而增殖的本质是价值量的增加，这种增殖额被称为"剩余价值"。这一资本增殖或者剩余价值的产生过程可以用马克思的货币资本的循环公式来阐明：$G-W$（A，Pm）$\cdots P \cdots W'$（W+w）$-G'$（G+g）。资本家用一定数量的货币资本 G 购买商品 W，然后投入生产过程 P，生产出新的商品 W'，然后通过交换得到新的货币 G'，$G'=G+g$，g 为增殖额。

资本 G 所购买的用于生产的 W 包括两部分，一是生产资料 Pm，二是劳动力 A，分别用 c 和 v 表示两者货币额的大小。需要特别指出的是，马克思区分了劳动和劳动力，这是马克思区别于古典政治经济学家的另外一个地方。马克思认为资本家购买的不是劳动，而是劳动力。劳动是价值实体，本身没有价值，不是商品，而劳动力是商品，有其特定的使用价值和价值。劳动力的使用价值就是生产劳动，劳动力的价值是维持劳动力所有者所需要的生活资料的价值，即凝结在维持劳动力所有者所需要的生活资料中的无差别的人类劳动。资本家支付给工人的工资的本质就是劳动力的价值。通过区分劳动和劳动力，马克思解决了李嘉图劳动价值论所遇到的资本与劳动等价交换的难题。

需要再次强调的是，理解马克思的经济思想需要戴上劳动价值论的"透视眼镜"，不管是货币还是商品，不管用什么符号表示，不管用什么货币单位计量，其背后的本质都是价值，其数量大小的本质都是所凝结的劳动量的大小。资本 G 用于购买生产资料 Pm 的部分，在生产过程中并没有发生价值量的增加，而只是把价值量等量地转移到所生产的新商品 W'中，因此被称为不变资本，c 代表转化为不变资本的价值部分。用于购买劳动力 A 的部分，在生产过程中，工人的劳动时间超过了其工资所需要的社会必要劳动时间，超出的部分构成剩余价值 m。换言之，用于购买劳动力 A 的那部分资本发生了价值增殖，因此被称为可变资本，v 代表转化为可变资本的价值部分。c 和 v 的比例关系称为资本的有机构成，即资本中不变资本和可变资本的不同组成。在资本的生产过程中，投入的价值量为 c+v，产出的价值量为 c+v+m，其中剩余价值 m 就是上面货币资本循环公式中资本增殖部分 g 的价值。

在劳动价值论的视角下，剩余价值来源于工人的劳动时间超出弥补其工资所需要的社会必要劳动时间的剩余劳动部分，剩余价值被资本家无偿占有。马克思因此从中看到了资本主义制度中的剥削关系：资本家无偿占有工人的剩余劳动创造的剩余价值。剩余价值率 m/v（价值增殖与可变资本的比值、剩余劳动与必要劳动的比值）是工人受剥削程度的衡量指标。马克思还区分了绝对剩余价值和相对剩余价值，前者是指通过延长劳动时间使其超过必要劳动时间而获得的剩余价值，后者是指通过缩短必要劳动时间而使剩余劳动时间相应延长所获得的剩余价值。

（二）劳动异化与资本积累

马克思认为工人创造的剩余价值之所以会被资本家无偿占有，是因为在资本主义生产关系中存在着对立的双方：一方是价值或货币的所有者，另一方是创造价值的实体的所有者；一方是生产资料和生活资料的所有者，另一方是除了劳动力以外什么也没有的所有者。劳动产品和劳动本身的分离，客观劳动条件和主观劳动力的分离，是资本主义生产过程事实上的基础或起点①。这种起点的"东西"又通过再生产过程作为资本主义生产本身的结果而不断重新生产出来，并被永久化。在资本主义生产资料私人占有制条件下，工人作为财富的生产者被剥夺了为自己实现这种财富的

---

① 参考马克思. 资本论（第一卷）[M]. 郭大力等译. 北京：人民出版社，1975.

一切手段，工人自己的劳动就同他相异化而为资本家所占有，不断物化在别人的产品中，并转化为资本，转化为购买人身的生活资料，转化为使用生产者的生产资料。可见，工人不断地把财富当作资本，当作同他相异化的、统治他和剥削他的权利来生产①。这就是马克思的劳动异化论。

马克思指出把剩余价值当作资本使用，即剩余价值转为资本就是所谓的"资本积累"，而资本原始积累就是强制性地将生产者同生存资料相分离，就是对直接生产者的剥夺。因此，资本来到世间，从头到脚，每个毛孔都滴着血和肮脏的东西②。在简单再生产过程中，资本积累使资本化的剩余价值替代了资本家原有资本的价值，他的原有资本的任何一个价值原子都不复存在了；在扩大再生产过程中，资本积累则会使无产阶级的绝对数量和相对过剩人口（产业后备军）扩大。马克思认为工人阶级中贫苦阶层和产业后备军的扩大是资本主义积累的绝对的一般的规律。

四、资本主义生产的总过程

在完成了前两卷的抽象分析的基础上，马克思在《资本论》第三卷中从抽象上升到具体，分析资本主义生产总过程中的一系列经济问题。马克思考虑了资本的具体的现实的形式，特别是生产成本、价格、利润、地租等，分析了资本主义经济运行的规律。

（一）价值转化问题

为了从抽象上升到具体，马克思首先在《资本论》第三卷的前两篇中讨论了一系列价值转化问题：资本价值（c+v）转化为成本价格 k，剩

---

①② 参考马克思. 资本论（第一卷）[M]. 郭大力等译. 北京：人民出版社，1975.

余价值 m 转化为利润 p，剩余价值率转化为利润率，商品价值（c+v+m）转化为商品的生产价格。对于李嘉图劳动价值论所遇到的等量资本获得等量利润的难题，马克思首先承认在同样的剩余价值率下，不同生产部门由于资本有机构成的差异会形成不同的商品价值，如果完全按照价值大小售卖就会产生不同的利润率。但是，马克思认为自由竞争会使不同的利润率平均化为一个一般利润率，按照一般利润率计算的垫付资本的平均利润加上成本价格就构成了商品的生产价格。商品的生产价格有的在价值以上，有的在价值以下，但就社会总体而言，商品价格等于价值，即劳动价值论从整体上是成立的。

　　尽管马克思试图通过引入基于平均化的一般利润率的生产价格来论证价值规律支配着价格的变动。但是，同李嘉图的劳动价值论一样，马克思的劳动价值论不可避免地受到挑战。其中最具有代表性也是最猛烈的批判来自奥地利学派经济学家庞巴维克（Eugen von Böhm-Bawerk，1851—1914 年），对于马克思推导劳动价值论的逻辑，庞巴维克发出了一系列质疑：具有交换价值的商品是不是从需求方面来说还具有稀少的属性呢？是不是一切商品都是供求的对象呢？它们是不是都是受人们支配的对象呢？它们是不是自然的产物呢？那么，我们现在要问，价值的本原为什么不能存在于这些共同属性之中，像存在于作为劳动生产物的属性之中一样呢？还不止于此，我们能不能说，一切具有交换价值的物品都有这种共同属性，就是它们都是劳动的产物呢？原始土地是劳动的产物吗？金矿是劳动的产物吗？煤是劳动的产物吗？然而人人都知道这些东西具有很高的交换价值。本书将在下一篇中看到，奥地利学派主张的是另外一种价值论——效用价值论。问题在于价格到底由什么决定。

现代经济学的代表人物萨缪尔森（Paul A. Samuelson，1915—2009年）认为马克思《资本论》的第一卷和第三卷存在体系性的矛盾，第一卷中的劳动价值论和剩余价值理论对第三卷中的生产价格理论和利润理论来说实际上是不必要的。当然，萨缪尔森的这一批判显然是基于实证经济学的视角，抽象的劳动价值对价格分析是不必要的。而从规范经济学的角度看，对于马克思所要揭示和批判的资本主义生产关系，劳动价值论则是不可或缺的。

（二）资本主义运动规律

抛开劳动价值论和转化问题，马克思对资本主义运动规律的分析卓有成效。首先是利润率下降，在这一点上马克思坚持了亚当·斯密和李嘉图的古典传统，只是他采用了不同的论证逻辑。马克思认为随着社会生产力的发展，资本有机构成中不变资本的比重会提高，资本对劳动的替代不可避免地会导致利润率的下降。资本主义发展的另一个趋势是经济危机。马克思反对萨伊定律，认为商品流通必然造成买和卖的平衡是"一种愚蠢不过的教条"。马克思预见到资本主义会发生周期性的生产过剩的经济危机，而且每一次的经济危机都比前一次规模更大，都会加剧阶级斗争和社会变革。因为资本替代劳动和经济危机一方面会导致资本集中和财富集聚，另一方面会加剧工人阶级的贫困，这为阶级斗争创造了条件。资本主义制度的生产关系和生产力产生了冲突，会导致前者发生变革，工人阶级通过革命推翻资本家的统治，建立无产阶级专政，资本主义制度的丧钟敲响了，剥夺者要被剥夺了。

第三篇

从古典政治经济学到新古典经济学

与李斯特、马克思等对古典政治经济学的批判和否定不同，19 世纪后期经济思想发展的主流是对古典政治经济学的继承和发展。在继承古典政治经济学理性、自由竞争等经济思想的基础上，引入了一套新的视角和分析工具，使经济学由古典政治经济学发展为新古典经济学。在这一进程中，19 世纪 70 年代的"边际革命"突破了古典价值理论和分析方法。1890 年马歇尔成功地把古典政治经济学的精华和边际主义的思想及新兴的分析方法结合起来，建立了新古典经济学。19 世纪后期到 20 世纪 30 年代前期，经济学家对马歇尔的分析方法和理论进行了拓展，使得供求均衡理论更加精确、广阔，经济学科也从研究财富生产、分配和消费的古典政治经济学转换为研究稀缺资源的优化配置的新古典经济学范式。

第七章　变化与发展

19世纪下半叶，经济学的研究范式逐步与古典政治经济学发生分野，在研究目的、研究对象、研究方法、分析工具等诸多方面都有显著的变化。这种变化的清晰界限是19世纪70年代的边际革命，但在此之前，在古典政治经济学盛行下，古诺、杜皮特等一些非主流经济学者的经济分析已经预示了这种变化。

第一节　若干变化与发展

与古典政治经济学不同，在19世纪的后几十年里，学科专业程度不断提高，以社会财富为专业化研究内容的经济学日渐偏离道德哲学或政治哲学这个鼻祖，甚至不再以公共政策为主要目标，研究经济问题的人也逐步职业化和大学教授化，经济学研究的对象和方法也发生了显著的变化。

一、从政治经济学到经济学

这一时期，经济思想发展的知识环境发生了很大的变化，科学与哲学逐步分野，"科学家"的概念逐步确立。人们不再称自然科学为"自然哲学"，也不再把"道德哲学"视为社会科学的总称。哲学本身逐渐发展成为一门专门的学科，作为科学之科学，哲学像其他科学一样有其自己的任务，这个任务就是分析在那些其他的科学中或日常生活中所深信不疑地、不加批判地使用着的名词（如数）或命题的意义①。而社会科学的学科分工和学科界限也日趋明显，学科专业化程度不断提高，社会科学的两大核心议题社会财富和社会秩序被分属于不同学科进行专业化研究。以社会财富为专业化研究内容的经济学日渐偏离道德哲学或政治哲学这个鼻祖，而政治学则以社会秩序为专业化研究内容逐步发展。为更好地区别经济学和政治学这两门不同的专业化学科，1900 年"经济学"开始取代"政治经济学"，成为这门学科普遍认可和使用的标签。

二、经济学职业化

这一时期，经济学在日趋专业化的同时，和其他许多学科一样逐渐专门职业化和大学教授化，经济学家大部分都是全职学者，这与亚当·斯密、萨伊、马尔萨斯、李嘉图及其同代人形成了巨大的反差。经济学职业化的主要原因是经济学家开始运用比较复杂的技术，经济学变成一门比较专业的、一般读者不易懂得的学问，需要受过教育和经过训练的人才能掌

---

① 参考约瑟夫·熊彼特. 经济分析史（第二卷）[M]. 杨敬年译. 北京：商务印书馆，2001：44.

握。经济学家变成了彼此承认的具有一种特殊资格的人。经济学职业化程度的日益增长反过来又促进了经济学的发展和进一步专业化，使这门学科在躯体上比在智慧上成长得还要快些①。

在英国，1825 年西尼尔成为牛津大学的首位政治经济学教授。在美国，1871 年哈佛大学设置了它的第一个正规的政治经济学教授席位，1872 年耶鲁大学设置了同样的席位。在法国，1878 年全国所有的法学院都设置了经济学教授席位。随着职业经济学家的人数日益增多，专门的学会得以组织：美国经济学会创立于 1885 年，英国皇家经济学会创立于 1890 年。与此同时，专业的杂志（期刊）得以创办，如创办于 1886 年的《经济学季刊》，创办于 1890 年的《经济学杂志》，创办于 1892 年的《政治经济学杂志》。

三、研究范式的变化

19 世纪后几十年，经济学的研究范围、方法、工具等都发生了显著的变化：一是研究对象的变化，不同于古典政治经济学关注长期发展与财富的生产、分配和消费等宏观命题，新的经济学研究范式更加关注个人行为，从宏大的古典命题转向狭窄的微观命题。二是研究方法的变化，从 19 世纪 70 年代起，随着经济学家努力效仿物理学，数理分析逐步得到更为广泛的应用。三是价值理论的发展，与古典政治经济学侧重于生产成本价值论不同，新的价值理论更加关注需求和效用，并逐步发展出供求价格理论，"价值"逐步淡出经济分析的核心地位，让位于"价格"。四是研究目的的变化，不同于古典政治经济学家广泛关注社会变革和公共政策，

---

① 参考约瑟夫·熊彼特. 经济分析史（第二卷）[M]. 杨敬年译. 北京：商务印书馆，2001.

新的研究范式关注政策问题越来越少，而是更侧重于解释经济现象。

第二节　变化与发展的先驱

经济学研究范式的变化实际上从西尼尔就开始了，西尼尔的经济思想在一定程度上已经偏离了古典政治经济学，但考虑到西尼尔在总体框架方面仍然停留在古典命题里，一般将古诺、杜皮特和屠能等视为经济分析范式变化的先驱者①。

一、古诺的数学分析和双寡头市场理论

古诺（Antoine Augustin Cournot，1801—1877 年）是将数学分析运用于经济问题的先驱，也被认为是第一位采用图表解释竞争性市场上供求关系如何决定价格的经济学家。在古诺的图解中，横轴表示价格，纵轴表示数量②；需求曲线表明价格上涨时人们希望购买的商品数量，供给曲线表明价格上涨时生产者希望卖出的商品数量；市场价格就是供给量等于需求量时的价格。

---

① 曾是德国政府小职员的戈森（Hermann Heinrich Gossen，1810—1858 年）也预见了边际效用理论，但他花了四年时间写作并于 1854 年出版了《人类交换规律与人类行为准则的发展》，可能由于书中使用了高深的数理方法而仅销售出了几本，以至于他非常失望地召回并销毁了剩余的书籍。直到 19 世纪 70 年代边际革命代表人物杰文斯发现了这本书，他惊奇地发现自己的边际效用理论几乎被戈森完全预见到了，戈森在去世多年后才获得迟到的认可和荣誉，他的书也在 1889 年得以重新出版。

② 德国人拉乌（Karl Heinrich Rau，1792—1870 年）在其经济学教科书中开创了横轴为数量、纵轴为价格的先河，为大部分现代文献所因循。

古诺对现代经济学影响最大的是他的双寡头垄断理论。他在 1838 年出版的《财富理论的数学原理研究》中，以矿泉水生产为例，假设市场上只有一个经营者，即完全垄断市场。他指出，垄断的经营者会通过扩大产量使价格下降到总收益（这里古诺假设获取矿泉水的成本为零）最大化的那一个点。运用微积分，古诺得出该点为总收益的导数（即边际收益）等于零的那一个点。当成本不为零时，垄断者选择使利润（总收益减去总成本）最大化（即边际收益等于边际成本）的产量水平。进一步地，古诺分析两家厂商进行竞争的市场，即双寡头垄断市场，这是经济学发展史上运用数学方法分析垄断市场结构中厂商行为的首次正式尝试，并对现代经济学产生了重要的影响。古诺仍以矿泉水生产为例，市场价格取决于总销售量，而总销售量为两家厂商的产量之和。两个经营者各自独立地寻求利润最大化，但与完全垄断情形不同的是，每个经营者在选择自己的产量时需要考虑对方的产量，因为对方的产量会影响市场价格，进而影响自己的利润。古诺通过数学方法说明在双寡头垄断市场下，每个生产者通过逐步调整产量达到一个稳定的均衡，在均衡点上，两个寡头垄断者最终销售相同数量的产品，市场价格高于成本但低于垄断价格。换言之，双寡头市场的产量大于垄断市场的产量。

尽管古诺的双寡头理论对现代经济学产生了重要影响，但在很长一段时间内，古诺的经济思想和经济分析方法都被同时代的经济学家忽略，这可能是因为他们过于超前。直到 1883 年，才有另外一位法国数学家伯特兰（Joseph Bertrand，1822—1900 年）注意到古诺的经济理论，但他却推导出与古诺的结论完全相反的双寡头垄断理论。不过，对于将微积分运用于经济学分析，经济学家们在 19 世纪 70 年代"边际革命"的基础上走上了古诺之路。

二、杜皮特的效用衡量和消费曲线

杜皮特（Jules Dupuit，1804—1866 年）是法国著名的工程师[①]，他在工程学领域取得卓越成就的同时，还在 1844—1853 年发表了关于效用、效用衡量和定价等方面的重要期刊论文，如 1844 年发表的"公共工程效用衡量"，1853 年发表的"效用及其衡量"等。

杜皮特指出一种产品（如他所熟悉的市政水利系统中的水）对不同的人而言价值是不同的，并且一个人从一个数量单位的水中所得到的满足程度或效用也可能是不同的，这取决于那一特定单位的水是如何被使用的。通常情况下，人们首先会将水用于价值高（效用大）的地方，如饮用；然后用于价值较低（效用小）的地方，如洗涤、浇灌、景观等。杜皮特的这种主观边际效用递减的思想，功利主义哲学家边沁早在 60 多年前就已提出。不过，在这一方面杜皮特超越了边沁，他在边际效用递减思想的基础上提出了"消费曲线"：当水的价格为 10 个货币单位时，消费者购买 10 单位水，他从每单位水中获得至少价值 10 个货币单位的效用，从第 10 单位的水中获得 10 个货币单位的效用价值。当水的价格下降到 5 个货币单位时，消费者提高水的消费量，如提高到 18 单位，此时，第 19 单位的水产生的效用下降到价值 5 个货币单位以下。杜皮特的消费曲线揭示了产品价格与人们意愿购买的产品数量之间存在反向关系，被认为是最早强调边际效用需求的基础的经济学家之一，也是第一批用图形揭示价格

---

① 杜皮特在公路、水上导航、市政水利系统的研究和设计方面赢得广泛赞誉，1850 年成为巴黎的总工程师，1855 年升任法国土木工程兵团的总监察官。

与需求数量之间反向关系的经济学家之一。

杜皮特的消费曲线使他得到另外两个重要发现。第一个发现是后来被马歇尔命名为"消费者剩余"（Consumer Surplus）的剩余效用。假定消费者以 10 个货币单位的价格购买 10 单位水，则第 10 单位之前的每单位水的边际效用都超过所支付的价格，只有最后一单位的价格等于边际效用。每一单位水的边际效用与其价格之间的差额为剩余效用，所有这些边际效用与价格之间的差额之和构成消费者剩余。第二个发现用如今的术语叫"价格歧视"（Price Discrimination）。杜皮特所设计的很多公路、桥梁和水利系统都是政府垄断的，政府应该对这些垄断产业或服务收取什么样的价格是他着重思考并需要解决的问题。杜皮特认为如果目标是总效用或者消费者剩余最大化，价格应该为零。如果价格高于零，则一方面有些效用会从消费者转移到供给者那里，另一方面有些效用会消失，即现今所谓的"社会福利净损失"。但是，价格为零不能使供给者补偿提供产品或服务的成本。那么，如何既能保证政府提供产品和服务的成本得到补偿，又能使总效用损失最小化？杜皮特提出了双重或多重价格的策略：对边际效用高的消费者收取高价，对边际效用低的消费者收取低价。这种双重或多重价格的思想被后来的新古典经济学家庇古等进一步发展并正规化为价格歧视的经济思想。

三、屠能的农业区位论和"自然工资"

德国的农场主屠能（Johann Heinrich von Thünen，1783—1850 年）在经营农场的同时写下了重要的著作《孤立国》。在 1826 年出版的《孤立国》第一卷中，屠能提出了著名的农业区位理论，他因此被视为经济地理学和农业经济学的先驱。在屠能的"孤立国"中，中心城市的周围发展起一系列同心圆圈，每个圆圈都被用于某种特定类型的农业生产，圆圈离城市越远，生产越不密集，商品越不容易腐烂，商品的运输成本越低。在 1850 年出版的《孤立国》第二卷中，屠能扩展了他的分析，提出了"自然工资"的边际生产力理论。屠能把资本和劳动力的使用量问题作为一种最大化问题加以解决，农场主雇用一定数量的资本和劳动力，以使利润最大化。屠能引入了微积分学解决最大化问题，他得出结论：农场主会使他雇用的劳动力不超过某一个点，在那个点上增加的最后一单位劳动的成本与增加的农业产出的价值相等。此外，屠能认识到，最后一名雇佣工人的边际产品价值决定了所有工人的"自然工资"，这就是分配的边际生产力理论。屠能的分析为后来的克拉克和马歇尔等经济学家在这一领域的贡献奠定了基础。屠能对微积分学的运用也使他与古诺一样被视为最早的数理经济学家。

第八章　边际革命

尽管古诺、杜皮特和屠能等为有别于古典政治经济学的经济思想和经济分析范式做出了开创性的贡献，但一个界限更加清晰的经济思想流派和经济分析范式转换则始于 20 世纪 70 年代的边际分析，这在经济学发展史上被称为"边际革命"。边际革命深刻影响了经济理论后来的发展，这是之前运用边际分析的先驱们所不具备的。

第一节　边际三杰

在 1871 年到 1874 年间，三位相互独立工作的经济学家各自出版了具有共同新经济思想的书，他们分别是英国的杰文斯、奥地利的门格尔和法国经济学家瓦尔拉斯。他们都认为古典政治经济学中的生产成本价值理论缺乏一般性，很多产品的价格无法在古典理论框架中加以分析。因此，这三个杰出的经济学家在边际效用递减原理的基础上明确地勾勒出一种有别于古典经济学家生产成本和劳动价值论的价值理论，在使用价值与交换价值之间建立了联系，用以解释价格的决定力量。

一、杰文斯

杰文斯（William Stanley Jevons，1835—1882 年）在其 1871 年出版的《政治经济学理论》中有力地批评了穆勒和李嘉图的经济学传统，他认为李嘉图将经济学科的车开往错误的方向，穆勒将车进一步推向了混乱。在杰文斯看来，古典学派在使用生产成本解释价值上的偏差和他们对使用价值的忽视，使得他们未能解开亚当·斯密所提出的"水—钻石价值悖论"。杰文斯在书中第一页写道："反复的思考与探究使我产生了这样一个有点新奇的观点，即价值完全取决于效用。"

作为功利主义者的杰文斯因遵循了边沁的效用理论，他把效用界定为增加快乐或减少痛苦的能力。杰文斯认为效用不能直接度量，但是可以通过观察个人的行为和注意个人的偏好来间接衡量，或者说可以比较快乐的程度。杰文斯将增加最后一单位消费所带来的效用程度，或者对现存数量的一个非常小或者无限小的下一单位可能的增加所带来的效用程度表述为"效用的最后程度"。效用的最后程度随着所消费的商品数量的增加而下降，商品的价值是由效用的最后程度，即消费者从最后一单位物品上得到的效用决定的。而价值与生产成本之间的联系是间接的，生产成本决定供给量，供给量决定效用的最后程度，效用的最后程度决定价值。

杰文斯所谓的"效用的最后程度"用今天的术语就是边际效用①。杰文斯认为可以用边际效用递减规律来解释困扰一些古典经济学家的水与钻

---

① 边际效用这个现代术语最早由奥地利第二代边际学者维塞尔提出，他是门格尔的学生。

石的价值悖论。水比钻石更有用，但钻石比水更有价值，古典学派据此认为效用与交换价值的大小没有关系。根据边际效用递减规律，尽管水的总效用远远大于钻石的总效用，但是钻石的"效用的最后程度"，即边际效用却比水的边际效用大得多，因此钻石具有比水大得多的交换价值。杰文斯还应用边际效用递减理论证明了在一个净预期价值为零（即奖金的预期价值等于赌注）的公平游戏中，赌博是不划算的，因为奖金的预期效用价值小于赌注，一个公平的金钱游戏并不是一个公平的效用游戏①。

进一步地，杰文斯将边际效用理论运用于解释人的消费、交换和劳动供给等经济行为。追求效用最大化的个人会按照"边际相等"的法则行事。在消费领域，消费者会使花费在所有商品上的最后一个货币单位的边际效用相等，用公式 $MU_x/P_x = MU_y/P_y$ 表示。如果商品 X 的边际效用与其价格的比率大于其他商品，那么理性的消费者将会通过购买更多的商品 X 及更少地购买其他商品来增加总效用。随着所购买的商品 X 的数量的增加，其边际效用递减，其他商品的边际效用随着消费量的减少而增加。最终各种商品的边际效用与各自价格的比率趋于相等，消费者的总效用达到最大。在交换领域，假设两个人分别只拥有一种初始数量的商品，如玉米和牛肉，则它们之间的相互交换会使双方受益。因为对于只拥有玉米的人

① 经济学家为赌博行为的存在提供了两种解释。第一种解释是人们可以从赌博本身获得效用，如果赌博者的期望效用（玩乐加潜在赢得的钱）超过了他们支付赌注的负效用，那么他们的行为是理性的。第二种解释是诺贝尔经济学奖获得者弗里德曼和他的合作者萨维奇提供的，他们对杰文斯的货币边际效用递减的假设提出了挑战。弗里德曼和萨维奇假设，在较低的货币收入区间，货币的边际效用趋于下降，但是在较高的货币收入区间，货币的边际效用则会上升，然后再下降。当"获大奖"所得到的钱的边际效用（将大大提高生活水平）比下赌注所支付的钱具有更高的边际效用时，处于货币收入边际效用上升区间的人们的赌博行为就是理性的，他们甚至会参加一些不公平的赌博，如购买彩票，如果他们中奖所得货币的边际效用提高得足够快，则能够补偿不公平的赌博的效用损失。

而言，玉米的边际效用与其价格的比率将会很低，而牛肉的边际效用与其价格的比率将会很高，通过等价交换，他牺牲玉米所损失的效用将会比获得牛肉所得到的效用少得多，从而提升了总效用。同理，对于只拥有牛肉的人而言，等价交换也将使其总效用得到提升。交换停止的点意味着从交换中不可能再获得进一步的效用，此时每个人两种产品的边际效用的比率与价格比率相等。在劳动供给领域，工人意愿劳动供给的点是实际工资的边际效用等于劳动的净痛苦，其中工资的边际效用是连续下降的，而劳动的净效用（工作带来的愉悦减去工作本身所带来的痛苦）则先增后减。

除了抽象的理论分析之外，杰文斯还倡导把统计方法和归纳方法应用到经济研究上，他认为只要商业统计能比现今更完全、更准确，从而能由数字材料赋予公式以精确的意义，经济学即可称为精确的科学。在经验分析方面，杰文斯的《煤炭问题》（1865 年）是第一本分析能源问题的专著，他也因此闻名遐迩，但他关于英国的经济增长将随着煤炭耗尽而中止的判断和马尔萨尔的悲观预言一样最终被实践证明是错误的。另外，杰文斯关于经济周期的分析富有创新性，他利用统计分析确定了经济活动每十年会有一次波动，并试图在太阳黑子活动和经济周期之间建立联系：太阳黑子影响气候和农作物产量，进而影响农产品价格和经济发展。当然，经济周期的太阳黑子理论并没有经受住后来的实证检验。

二、门格尔

门格尔（Carl Menger，1840—1921 年）与杰文斯在同一年（1871 年）出版了重要的经济学专著《国民经济学原理》，他在书中提出了另一种研究理论经济学的方法。不同于杰文斯等，门格尔并不想仿照现代物理学追求经济学的科学化和精确化，他推崇揭示经济现象的精髓所在，探究经济问题的真实特性。不过，在商品的价值决定上，门格尔与杰文斯却是殊途同归，只是门格尔在推理过程中特意没有使用数学，并且避免将他的理论构建在边沁主义的基础上[①]。

　　门格尔假设经济活动是为了满足人类的需要，并由此出发研究经济学。商品通过直接（如面包）或间接（如钢铁）的方式满足人们的需要，门格尔将商品满足人们需要的重要性界定为价值，即价值是人们支配商品而产生的满足程度。和马克思一样，门格尔定义了商品的价值，不同的是，在门格尔看来商品的价值是满足人们需要的重要性，即商品给人们带来的满足程度，是一种主观价值，而不是凝结在商品中的无差别的人类劳动。按照门格尔的定义，商品的价值和使用了多少数量的劳动没有必然的或直接的联系，在现实生活中，人们在评价一件商品的价值时往往不会追溯它是如何被生产出来的，而是主要考虑这件商品为他提供的服务和如果不支配它所需要放弃的满足程度。在门格尔看来，不是劳动决定产品价值，而是劳动的价值取决于其所生产的产品的价值，是由如果我们不能支配劳动服务便无法得到满足的需要的重要程度决定的。

　　和杰文斯的边际效用递减原理一样，门格尔假定商品的价值随着商品数量的增加而降低。商品的总价值为最后一单位商品的价值乘以商品的数量[②]，而商品的交换价值由总价值决定，这实际上是边际效用决定价格的另外一种表述。交换价值的基础是不同个人对同一件商品的不同的主观评

---

① 门格尔在界定商品的主观价值时使用"满足的重要性"而不是"效用"。
② 门格尔商品总价值的概念有别于每一单位商品边际效用之和形成的总效用概念。

价，价格处于双方为所交易的商品确定的两个价值限度之间。不过门格尔并没有假设市场处于均衡状态，也不认为每个人都能达到利益最大化（即边际相等的静止状态），尽管他认同交易和其他经济活动一样都是尽量使人们的需求得到最大可能的满足。

门格尔认为，竞争是一个动态的过程。当人们找到并利用盈利机会创造出先前没有的商品，或者找到生产商品的新方法时，企业家就诞生了。只要没有社会障碍或其他障碍，对于竞争的需要就能唤起竞争，竞争是渐渐消除垄断的过程。门格尔对经济学的直接和长远的影响都是巨大的，许多后来被统称为"奥地利学派"的经济学家（如维塞尔、庞巴维克、米塞斯和哈耶克等）都是在他的思想和方法论基础上扩展的，门格尔也被视为在经济学中独树一帜的奥地利学派的奠基人。

三、瓦尔拉斯

瓦尔拉斯（Leon Walras，1834—1910 年）对经济学的研究深受其前辈古诺及其《财富理论的数学原理研究》里经济学主题和方法的影响。1870 年他被任命为瑞士洛桑大学的政治经济学教授，在那里创建了洛桑经济学派，该学派特别强调经济分析中数学的作用。1874 年瓦尔拉斯出版了《纯粹政治经济学要义或社会财富理论》，他经由另外一种路线独立地提出了边际主义的基本原理。

瓦尔拉斯不是功利主义者，他因循了法国人的传统，将稀缺性作为商品价值的决定性因素。瓦尔拉斯用最后欲望的满足程度作为对稀缺性的衡量，由此推导出与杰文斯近似的结论。在此基础上，瓦尔拉斯分析了两种商品的交换问题并推导了个人需求曲线。在两种商品的交换中，均衡的结果与杰文斯所理解的一样，两种商品边际效用的比率等于价格比率。根据这一法则，瓦尔拉斯推导了商品的消费者需求曲线：需求量与价格之间的关系。当商品 A 的价格上涨时，如果消费者购买相同数量的商品，则留下来购买商品 B 的费用将会减少，商品 B 的购买量在价格不变的条件下将会减少，边际效用因此增加。根据效用最大化的边际相等法则，消费者会减少商品 A 的购买量。同理，当商品价格下降时，需求会增加。

　　进一步地，瓦尔拉斯探讨了多市场均衡问题，这是他对经济学发展的最重大贡献①。瓦尔拉斯认为经济系统在均衡的状态下，任何一种商品和生产要素的需求量均等于供给量。正如一块石头掉进池塘里会出现不断扩大的涟漪一样，经济中的任何变化都会引起进一步的变化，而这些变化又会以递减的力量向外扩散，直到所有的市场同时实现均衡。瓦尔拉斯为经济系统建立了数学模型，每一种产品都可以建立一个方程来表示作为所有价格的函数的需求量，所有方程形成一个联立方程组，联立方程组的解（即有一组能满足所有方程的价格和数量）就是经济系统的一般均衡（General Equilibrium）结果。瓦尔拉斯极力阐明他的方程组的解（即均衡）的存在性和稳定性，尽管当时还不具备足够的数学工具来支撑他的论证。

---

① 瓦尔拉斯对经济学发展的贡献不止于边际分析，有人甚至把新古典经济学的创立追溯到瓦尔拉斯。

第二节 扩展的边际分析

杰文斯、门格尔和瓦尔拉斯等第一代边际主义者的主要贡献是将边际分析应用于需求及价值理论。维塞尔、埃奇沃思和克拉克等第二代边际主义者进一步深化和扩展了边际分析，尤其是将边际分析引入到生产要素价值和分配领域，并发展出了区别于古典工资、利润理论的边际生产力理论。

一、维塞尔的"自然价值"

门格尔的学生维塞尔（Friedrich von Wieser，1851—1926 年）是第二代奥地利边际学派学者①。维塞尔是第一个使用"边际效用"（Marginal Utility）这一术语的经济学家，尽管此前的杜皮特、杰文斯和门格尔等已经提出了边际效用的思想，但都没有使用这一术语，该术语后来成为经济学中的标准表述。维塞尔的经济思想主要体现在其代表作《自然价值》中，该书在 1893 年被翻译为英文并出版。

维塞尔认识到商品的交换价值（价格）不仅取决于使用价值（效用），还取决于购买力。比如，对于同样一份牛排，一位亿万富翁可能愿意支付 100 元，而一位乞丐可能为此只想支付不到 10 元，尽管牛排对饥

---

① 维塞尔曾先后在德国布拉格大学和奥地利维也纳大学任经济学教授职位，还在奥地利政府中担任高官（曾任商务部长）。1903 年维塞尔在维也纳大学接替了门格尔的职位。

饿的乞丐可能意味着更大的边际效用。另外，钻石的价格高是因为它们是奢侈品，估价是按照最富有阶层的购买力来进行的，而食物的价格较低是因为它们的价格主要取决于穷人的购买力和穷人的估价。基于交换价值与边际效用的差别，维塞尔引入了"自然价值"的概念，自然价值是指所获得的所有商品的边际效用之和。自然价值由边际效用决定，而交换价值则由边际效用和购买力的组合决定。奢侈品（如钻石）的交换价值大于自然价值，而必需品（如食物）的自然价值大于交换价值。维塞尔认为当自然价值与交换价值严重背离时，就为政府有效地干预经济提供了空间。因为企业在生产产品时追求的是最高价钱（交换价值）而不是最大效用（自然价值）的东西，当有一种产品或服务的需求紧迫且效用巨大，但却缺乏购买力时，可能就需要公共部门提供该种产品或服务。

对于生产要素的价值，维塞尔继承了他的老师门格尔的思想，认为生产要素的价值取决于所生产的产品的价值。维塞尔通过归因分析从最终产品的价值中评估生产要素的价值。古典经济理论认为由工资、地租和利润等组成的生产成本决定商品的价格，而维塞尔认为不是生产要素的价格决定商品的价格，相反地，生产要素是价格被决定的因素，生产要素的价值由其所生产的产品价值决定。对于企业家而言，在生产要素的数量分配上，会比较不同的产出的价值，用于生产某一特定产品而将生产要素从其他用途中退出的牺牲构成了生产成本。维塞尔的生产成本概念后来被称为"机会成本"（Opportunity Cost），在经济分析中被广泛运用。

二、埃奇沃斯的边际产量

1881 年，数理经济学家埃奇沃斯（Francis Ysidro Edgeworth，1845—

1926 年）在其著名的代表作《数学心理学》一书中区分了生产的边际产量和平均产量的概念①。李嘉图在地租理论分析中提出的收益递减规律暗含了生产函数的思想——生产要素投入的数量与它们的产出之间存在对应关系；瓦尔拉斯明确了生产函数的概念，并用数学形式表达这种对应关系；埃奇沃斯第一次清楚地区分了生产函数的平均产量和边际产量。埃奇沃斯以农业生产为例，假定土地要素不变而劳动/工具是可变的，然后他构建了一个不同劳动/工具投入量下的产量表格，以反映持续增加劳动/工具投入所对应的总产量、边际产量和平均产量的变化。在埃奇沃斯的例子中，当可变生产要素的增加不再引起总产量以递增的比率增加时，边际产量就会下降；当边际产量小于平均产量时，平均产量就会减少；当总产量达到峰值后，边际产量就会变为负数。

埃奇沃斯的产量变化分析奠定了短期生产函数和短期生产成本的基础，后来的经济学家拓展了他的分析，探索了当所有投入要素都可变时的生产函数及生产成本②。边际产量的思想也为生产理论和分配理论搭建了桥梁，生产者收益最大化的选择是使要素投入的边际产品收益等于要素报酬。

三、克拉克的边际生产力理论

将边际分析扩展到分配领域，在这方面取得最大成就的是美国经济学

---

① 埃奇沃斯对经济学发展的重要贡献是在经济分析中普遍使用数学方法。在经济思想上，除了边际产品外，埃奇沃斯的"无差异曲线"和"双寡头垄断"对经济理论的发展具有独特的贡献。
② 1928 年柯布和道格拉斯提出了著名的柯布—道格拉斯生产函数（参考 Cobb C. W. and Douglas P. H., *A Theory of Production*）；1931 年芝加哥大学教授维纳（Jacob Viner, 1892—1970 年）刻画了短期成本曲线和长期成本曲线。

泰斗级人物克拉克（John Bates Clark，1847—1938 年）[1]。克拉克不仅发明了"边际生产力"（即边际产出）（Marginal Product）这个术语，还拓展了他那个年代关于分配的边际生产力理论的最清晰、最优秀的分析，其代表作是 1899 年出版的《财富的分配》。

克拉克假定资本和劳动等生产要素都服从边际收益递减规律。在资本固定、劳动可变的生产情景下，劳动的边际产量曲线向下倾斜，正如边际效用曲线向下倾斜一样。最后一个工人的产出决定了全部工人的工资率，即工资等于劳动的边际生产力，而总产出与工资总额的差额（类似于门格尔商品价值分析中总效用与总价值的差额或者杜皮特所指的"剩余效用"）构成了资本的利息。同理，在劳动固定、资本可变的生产情景下，资本的边际产出决定了利息率，而总产出与利息总额的差额构成了劳动的报酬。克拉克将土地的地租当作一种资本品的收益来进行研究，即地租是利息的一部分。

根据边际生产力理论，克拉克指出支付利息只不过是在购买资本的产品，就像支付工资是在购买劳动的产品一样。资本的收益通过资本是生产性的这一事实被证明是正当的，同样，土地的收益也不是一种不劳而获[2]。克拉克不支持资本剥削劳动和地主不劳而获的观点，他认为持这些观点者未能了解经济体中市场的力量。克拉克认为竞争将使每种生产要素获得与其边际生产力相对应的报酬，而产品的价格等于各类生产要素价格

---

[1] 1947 年美国经济学会在克拉克诞辰 100 周年之际发起设立了克拉克奖，每两年评选一次，颁发给在美国大学任教、40 岁以下的有前途的青年经济学家。许多获得克拉克奖的青年学者在后来都成为诺贝尔经济学奖获得者。

[2] 1879 年美国的乔治（Henry Gorge，1839—1897 年）出版了《进步与贫困》一书，他认为所有的经济租都是不劳而获，它们会随着社会的进步而不断增长，导致其他阶层都更加贫困，因此主张通过对土地征收单一税的方式将所有这类租金都拿走。

所组成的生产成本，企业没有超额利润。克拉克的边际生产力分配理论是法国古典经济学家萨伊"三位一体"分配论的继承和深化。

克拉克的边际生产力理论被广泛运用于解释在资本主义社会中收入是如何分配的，他也因此被认为是对经济理论做出重要贡献的第一位美国经济学家，尽管他的边际生产力理论并未包含要素供给对要素价格的影响。当然，克拉克从边际生产力理论中得出的分配的公正性也受到了挑战，批评者认为在存在垄断的现实世界中①，要素报酬并不等于边际生产力，企业可能获得超额利润。另外，即使资本是根据其生产性贡献获得报酬的，但如果财产是通过继承而不是通过生产性努力获得的，则按生产性贡献进行分配并不一定就具有天然的公平性和正义性。

---

① 克拉克本人对待垄断的态度经历了一个转变。起初，他认为垄断企业的高价格会吸引新的竞争者，他们的超额利润也会用于再投资，从而促进经济进步。但是在 1907 年，克拉克在《经济理论的实质》(*Essential of Economic Theory*) 一书中开始对垄断问题感到沮丧："利润不是对进步的一种暂时的报酬，而是在某种程度上宠坏了那些给经济进步带来不利影响的人们。"

第九章　马歇尔的综合与
新古典经济学的建立

不同于边际革命经济学家侧重于用边际效用价值论批判古典经济学的生产成本价值论，英国经济学家马歇尔寻求把古典经济学的精华与边际主义的思想和新兴的分析方法结合起来，由此建立了新古典经济学（Neo-classical Economics），在继承和发展古典经济学的基础上，创立了新的经济分析范式。马歇尔也因此被誉为"新古典经济学之父"。

第一节　马歇尔与《经济学原理》

作为新古典经济学的创立者，马歇尔（Alfred Marshall，1842—1924年）是 19 世纪末 20 世纪初英国乃至全球经济学界最重要的人物，其代表作《经济学原理》在很长一段时间内被广泛作为经济学教科书使用。

马歇尔在剑桥大学学习了数学、物理学、哲学和政治经济学。1868年马歇尔被剑桥大学聘为道德哲学讲师，他开始着手经济学研究，并试图

用数学语言解释穆勒的学说①。马歇尔意识到了穆勒在 1848 年所宣称的
"价值理论已经非常完善"的结论的草率性，他认可杰文斯等在价值理论
上的创新和贡献，但他并不认可杰文斯所宣称的"摧毁了古典价值理
论"。正如马歇尔的学生、宏观经济学的创立者凯恩斯所比喻的："杰文
斯看到了壶中的水沸腾了，像个孩子似的欢呼起来；马歇尔也看到了壶中
水沸腾了，却悄悄坐下来，造了一台发动机。"马歇尔将杰文斯等的边际
效用决定价值的理论用于解释需求曲线，将用边际主义思想和分析方法
"武装了"的古典价值理论用于解释供给曲线，并由此建立了更加完善、
更加精确的供求均衡价格理论。

1890 年，经过了一二十年的准备之后，马歇尔出版了他的最重要的
代表作《经济学原理》。马歇尔在书中对经济学进行了定义："政治经济
学或经济学是对人类日常生活的研究；它考察个人和社会行为中与获得和
使用物质财富密切相关的部分。"在定义中，马歇尔同时提到了"政治经
济学"和"经济学"两个术语。马歇尔的同事约翰·内维尔·凯恩斯
（宏观经济学创始人凯恩斯之父）专门在 1891 年出版的《政治经济学的
范围与方法》中探讨了这两个术语，他区分了经济学的三个分支：实证
经济学，它包括经济学的科学分支；规范经济学，它考虑社会的目标应当
是什么；经济学艺术，它使实证科学分支的见解与规范分支所决定的目标
相联系。老凯恩斯认为在实证分支的讨论中"经济学"或"经济科学"
的术语比"政治经济学"更加合适，更加强调经济学的科学特征。马歇
尔将他的著作命名为《经济学原理》而不是《政治经济学原理》，并最终

---

① 马歇尔于 1877 年到英国布里斯托大学（University of Bristol）担任政治经济学教授，1885 年从布
里斯托大学回到剑桥大学担任政治经济学教授。

停止使用"政治经济学"。不过，马歇尔更加强调经济学的实用性，他认为经济学家的作用在于发展出一个公众认可的、能用以解决经济问题的经济学原理架构。为此，马歇尔在书中用简明的文字阐述经济学原理，把图表解释放在脚注里，把数学公式"发配"到附录中。和亚当·斯密一样，马歇尔在书中的大多数章节综合了事实材料和历史材料，体现了马歇尔对历史材料和经验分析的重视，不过这些历史性材料在《经济学原理》之后的版本中分量被减少了，有的被挪到附录中。在为自己的剑桥大学的学术位置推荐继承者的时候，马歇尔支持了注重理论分析的庇古而不是注重历史分析的福克斯韦尔（Herbert Somerton Foxwell，1849—1936 年）。

第二节 论需求

马歇尔在《经济学原理》的第三篇①以"论需求及其满足"为题开始阐述价值理论，他认为在古典政治经济学中需求没有得到足够的关注，杰文斯等使价值理论的需求方面得到注意，并为发展这些理论做了很出色的工作。马歇尔将边际效用理论应用于需求分析，发展了需求理论。

一、边际效用与需求法则

马歇尔认为可以用货币来衡量无形的主观效用。杰文斯等边际效用价值论者认为一个人的偏好程度决定了他为了得到某种产品愿意支付的货币

———————————

① 前两篇分别为"导论"和"基本概念"。

数量，马歇尔则翻转了看问题的视角，他认为一个人愿意为某种产品支付的货币数量反映了他的偏好或效用，货币是用来测量人们在市场上表现出来的心理动机的最好工具。基于主观效用的货币衡量，马歇尔从边际效用递减规律和消费者按照"边际相等"原理的理性选择推导出了需求法则：当一种商品的价格下降时，对于消费者而言，该商品的边际效用与价格的比率将大于其他商品，理性的消费者将会选择购买更多数量的该商品，直到边际相等的条件得以恢复，以最大化其总效用。因此，一种商品的需求量将随价格的下降而增加，随价格的上升而减少。马歇尔的需求法则体现为我们现在所熟悉的向下倾斜的需求曲线。

需要指出的是，在马歇尔之前，瓦尔拉斯也用边际相等原理推导了需求法则，瓦尔拉斯不仅考虑了一种商品价格变化对该商品边际效用—价格比率的影响，还考虑了该商品价格变化对其他商品购买量的影响以及由此产生的边际效用—价格比率的影响。后来的经济学家进一步分析了一种商品价格变化对该商品购买力的影响，区分了一种商品价格变化对该商品需求影响的替代效应和收入效应。

二、消费者剩余

对于杜皮特 1844 年提出的剩余效用（即满足程度超过所支付价格的部分）概念，马歇尔将其命名为"消费者剩余"（Consumer Surplus）：消费者愿意支付的价格总量和他们实际支付的价格总量之间的差额。这个概念成为现代经济学的标准术语，是社会福利分析的重要工具。马歇尔运用消费者剩余这一工具分析了税收和补贴的社会福利影响。一般情况下，税收或补贴会导致社会福利的净损失，因为征税可能会使消费者剩余的减少大于政府的税收收入，而补贴可能会使消费者剩余的增加量小于补贴额。不过，如果税收收入超过消费者剩余的减少，或者补贴成本小于消费者剩余的增加，则税收或补贴会带来社会福利的增加。马歇尔判断，对某些行业征税并将税收收入用于补贴某些行业可能会增加社会福利。不过马歇尔同时也谨慎地指出，这种分析并不是"为政府干预提供一个有效的证据"。

三、需求的价格弹性

马歇尔进一步探讨了一种商品的需求变化对价格变化的敏感程度，他用文字、图标和数学公式分析了需求的价格弹性（Price Elasticity of Demand），对需求价格弹性的清晰阐述被认为是马歇尔对需求理论独特的重要贡献[①]。一种商品的需求弹性系数等于需求量变动百分比除以价格变动百分比，需求弹性系数绝对值大于 1 意味着需求富有弹性，小于 1 则意味着缺乏弹性。马歇尔还讨论了需求弹性的决定因素，一方面，相对于买者收入水平的商品的价格高低会影响需求弹性，当一种商品的价格相对于买者的收入水平较高时，需求富有弹性；当一种商品的价格相对于买者的收入水平较低时，需求缺乏弹性。另一方面，商品的可替代性也会影响需求弹性，当一种商品能够被其他商品广泛替代时，需求富有弹性；反之，需求缺乏弹性。

需求弹性原理对于理解许多经济现象和经济政策非常有用。比如，农产品需求缺乏弹性解释了"丰收悖论"，因为产量的增加导致了价格更大

---

① 尽管较早的文献中已经包含了需求价格弹性的思想，但是马歇尔借助数学分析能够精确地将它表示出来，他被认为是弹性的发现者。

幅度的下降，进而使农民的总收入减少。另外，政府对缺乏弹性的商品征税（如烟酒、能源等）比对富有弹性的商品（如饮料等）征税能够获得更多的税收收入。

第三节　论供给

在需求分析的基础上，马歇尔将边际分析方法与古典经济学的生产成本价值论结合起来，赋予了生产成本价值论新的生命力，发展了生产理论，为供给分析奠定了基础。

一、现期、短期和长期

马歇尔对供给理论的一个重要贡献是引入了时间概念，他区分了三种时期：现期、短期和长期。在市场现期（或即期）中，供给数量没有时间进行调整，即供给曲线是一条完全缺乏弹性的垂直直线；而在短期和长期内，供给数量是可以调整的。马歇尔区分了两种成本类型，一种是在短期内不会发生变化的固定成本，如设备成本、高层管理人员的薪酬等；另一种是短期内可以增加或减少的可变成本，包括购买劳动力和原材料的成本等。在长期内，所有成本都是可变的，如果一个行业有利可图，就会有资本流入，增加固定成本；反之，资本撤出，减少固定成本。

二、"代表性企业"的生产成本

在分析生产一种产品的成本时，马歇尔以"代表性企业"为分析对象。根据古典经济学收益递减规律，马歇尔意识到当一种生产要素（如资本）保持不变时，增加可变生产要素（如劳动）的投入量，这种可变生产要素的投入具有边际报酬递减趋势。因此，短期内，企业的可变生产成本是递增的。但从长期看，一个行业的生产成本可能是递增的，也可能是递减的或者不变的。在长期成本分析中，马歇尔提出了内部经济（Internal Economies）和外部经济（External Economies）的概念。内部经济是由单个企业规模的扩大带来的效率提升和成本降低；外部经济来源于行业环境的普遍提高，如运输成本的降低等。马歇尔认为内部经济是有边界的，企业存在生命周期，在它的成长阶段享有内部规模经济，但企业家的衰老和死亡会导致企业的衰落，而新企业将会重新开始扩大企业规模和提高效率的过程。另外，随着行业的扩张，生产要素稀缺性的增强会带来外部不经济，从而增加成本。马歇尔认为自然在生产上所起的作用表现为规模报酬递减的倾向，而人类所起的作用则表现为规模报酬递增的倾向，两种力量的相互作用决定了一个行业的长期生产成本是递增的、递减的，还是不变的。

三、供给曲线

基于代表性企业生产成本分析，马歇尔推导了行业供给曲线。短期内，企业的供给曲线建立在可变成本的基础上，短期供给曲线向上倾斜，产品价格越高，供给数量越多。不过，与现代经济学把边际成本曲线作为短期供给曲线不同，马歇尔认为当市场价格仅能弥补可变成本而不能弥补固定成本，即当价格高于平均可变成本而低于平均成本时，企业不愿意按照边际成本的价格销售产品，因为他们担心低价格会扰乱市场。

行业的长期供给曲线取决于代表性企业的生产成本，长期供给曲线的形状根据代表性企业成本递增、不变和递减三种情况分别向上倾斜、水平和向下倾斜。马歇尔认为长期供给曲线向下倾斜的可能性来源于外部经济，如技术进步等。外部经济使代表性企业的生产成本随着行业规模的扩大而下降，从而能够以更低的价格提供产品或者服务。

第四节　供求均衡分析

在需求和供给分析的基础上，马歇尔开始了其作为"伟大的综合者"的工作，把古典经济学与边际学派的思想结合起来，基于需求和供给的共同作用分析价格的决定，开创了供求局部均衡分析框架。

一、均衡数量和均衡价格

马歇尔用供给需求—价格表和图阐释竞争市场均衡数量和均衡价格的思想。在通常情况下，商品的市场需求曲线向下倾斜，供给曲线向上倾斜。按照马歇尔的论述，当商品数量使需求价格大于供给价格时，就会有一种倾向于增加销售数量的积极力量发挥作用；当商品数量使需求价格小于供给价格时，就会有一种倾向于减少销售数量的积极力量发挥作用；当需求价格等于供给价格时，商品数量没有增加或减少的趋势，它处于均衡状态之中。供求均衡下商品数量叫作均衡产量，它的销售价格叫作均衡价格。在均衡状态下，消费者愿意支付的价格与均衡价格的差额构成了消费者剩余，均衡价格与边际成本的差额构成了生产者剩余（见图9-1）。

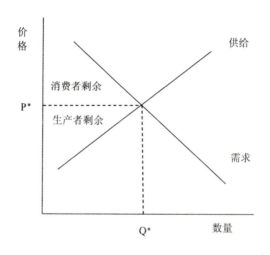

图9-1　供求均衡

不同于瓦尔拉斯分析所有市场同时达到均衡的一般均衡状态，马歇尔仅探讨单一产品市场的均衡问题，因为他认识到处理一般均衡所需要的数学工具在当时并不具备，尽管马歇尔比瓦尔拉斯受过更多的数学教育。马歇尔开创的单一市场均衡分析被称为"局部均衡分析"。

二、供给和需求变动对价格的影响

马歇尔认为需求表（需求曲线）和供给表（供给曲线）并不是长期不变的，而是不断变动着的，它们的每一种变动都将使均衡数量和均衡价格发生变动。短期内，市场价格主要受需求变化的影响，因为供给曲线的调整往往需要更长的时间。需求的增加（需求曲线向右移动）会提高价格，因为增加产量会推高边际成本。但是在长期内，可以通过建立更多的工厂或者吸引更多的要素到该行业来调整供给曲线。供给的增加（供给曲线向右移动）会导致价格下降，从而抵消需求变化的影响。由此，马歇尔得出结论：我们所考虑的时间越短，就越需要关注需求对价格的影响；时间越长，生产成本对价格的影响就越重要。

引入了时间因素后，马歇尔认为古典经济学生产成本价值论的真正含义是，商品的正常价值或自然价值由于种种经济力量在长时期内倾向于使之产生的价值，商品的价值在长时期内有等于它的生产成本的趋势。马歇尔据此认为边际学派对古典价值理论的批判没能准确理解亚当·斯密等古典经济学家所倡导的价值论的真正含义。

第五节　国民收入分配

在《经济学原理》的最后一篇中，马歇尔将供求均衡分析的方法应用到生产要素价格决定上，并由此发展了分配理论。生产要素的价格决定与商品价格决定的过程类似，都是供给力量和需求力量相互作用的结果。要素市场上的价格构成了生产者的生产成本，商品的长期价格等于生产成本，等于总体上的长期要素收入。

一、工资

与边际生产力理论不同，马歇尔认为工资并不是由劳动的边际生产力单方面决定的。边际生产力是劳动需求的基础，劳动需求是一种取决于消费者对最终产品需求的派生需求。但是工资作为劳动的价格，与其他商品一样是由劳动的需求和供给共同决定的。如果劳动的供给增加，其边际生产力就会下降，均衡工资也将随之下降；反之，劳动供给的减少会导致工资提高。

马歇尔还进一步探讨了劳动作为一种派生需求的工资弹性的决定因素，后来庇古将它们归结为派生需求的四大法则：其他要素对劳动的可替代性越大，劳动需求的弹性越大；产品需求的弹性越大，劳动需求的弹性也越大；劳动占总生产成本的比重越大，劳动需求的弹性越大；其他投入的供给弹性越大，劳动需求的弹性越大。

二、利息和利润

马歇尔将储蓄视为一种延迟享乐或等待享乐①，而资本的利息则是对储蓄或等待享乐的回报，因为没有回报很少有人会储蓄②。正如把工资看作是对劳动的回报，因为没有回报很少有人会努力工作。资本的边际生产力是资本需求的基础，其价格用利率表示。储蓄的供给是指在各种不同利率水平下的一系列供给量，储蓄的供给量取决于利率。和其他商品一样，

①　马歇尔认为把为了将来而牺牲当前的快乐称为"节欲"很容易让人误解，因此建议不使用该术语，而把财富的积累视为延迟享乐或等待享乐的结果。

②　当然，马歇尔也观察到了储蓄的其他动机，如即使利息为零，父母可能也会为子女储蓄。

均衡利率位于资本的需求曲线与供给曲线的交点。

马歇尔区分了利息和利润，他认为除了土地、劳动和资本这三种生产要素之外，还包括企业组织这一生产要素。利息是资本要素的收入，企业的正常利润扣除利息、管理报酬之后的剩余部分是企业组织的要素收入，是企业家精神的回报。

三、地租和准租金

在分析地租时，马歇尔认为从整个经济体的角度看，土地供给是完全没有弹性的，因此地租是由商品的价格决定的，而不是决定商品价格的生产成本。但是如果从个别农场主或企业的角度看，地租则是一种生产成本，是决定价格的因素之一。

在分析古典经济学家生产成本（要素价格）决定商品价格的理论与边际学派要素价格决定于商品价格的理论之间的分歧时，马歇尔引入了"准租金"（Quasi-rent）的概念。他认为，在短期内工资、利息和利润也像地租一样，是价格被决定的因素，因为这些要素的短期供给曲线可以被视为完全无弹性。短期内，可变成本决定商品价格，价格反过来决定固定投资的收益；但是在长期内，可变成本和固定投资的正常利润都必须得到补偿，它们都会影响价格。

第十章　新古典主义

马歇尔开创的新古典分析传统，以及众多新古典经济学家所秉持的竞争市场供求均衡和自由放任的政策主张在 20 世纪 30 年代之前成为了经济思想的主潮流。当然，这一时期的经济学家也对马歇尔的分析方法和理论进行了拓展，使得供求均衡理论更加精确、更加广阔，经济学科也从古典政治经济学转换为新古典主义正统。1932 年罗宾斯在《经济科学的性质和意义》中所提出的经济学是研究稀缺资源的优化配置的经典定义，体现了新古典经济学的标准特征①。

第一节　完全竞争市场机制

新古典经济学家在竞争市场均衡的经济思想上进一步探讨了实现竞争均衡和资源最优配置的条件，发展出了完全竞争市场机制，并以此为标尺

---

① 罗宾斯（Lionel Robbins，1898—1984 年）定义经济学"是研究用具有各种用途的稀缺资源来满足人们目的的人类行为科学"。

分析了社会福利。

一、完全竞争的条件

在古典经济学家的传统中，竞争一直被看作是经济活动的常态，并以此开展他们的一般分析。亚当·斯密等倡导不受政府干预的自由竞争，认为竞争可以使商品的价格等于生产成本，但是他们并没有分析实现这种竞争结果所需要满足的市场条件。市场竞争条件分析的突破性贡献来自法国的数理经济学家古诺，古诺在双寡头垄断分析的基础上，探讨了市场主体不断增加后的情形。他指出随着企业数量的不断增加，企业对价格的掌控能力会越来越小。当市场上的竞争者数量趋向于无穷大时，企业就逐渐地从价格的制定者变成价格的接受者，古诺将这种竞争状态称为"无限竞争"（Unlimited Competition）[1]。边际学派经济学家杰文斯将古诺的"无限竞争"改称为"完全竞争"（Perfect Competition）。不过，马歇尔认为市场竞争的形式是多样的，不能只用一种假想的状态来刻画市场竞争，因此他在《经济学原理》一书中批评了完全竞争这个概念，保留了古典经济学家的传统，继续使用自由经济和自由竞争的概念。

尽管作为那个时代经济学的领军人物的马歇尔反对使用"完全竞争"这个概念，但是它还是被众多经济学家接受并得到发展。经济学家们对这个概念进行补充和完善，探寻完全竞争的市场条件。美国芝加哥大学的奈特[2]（Frank Hyneman Knight，1885—1972 年）在其 1921 年出版的博士论

---

[1] 当市场上的寡头数缩减为一个时，就退化成了垄断情形。
[2] 奈特是一位坚定的自由主义者，作为美国芝加哥（经济）学派的创始人，他建立了一个比马歇尔更为保守的新古典自由主义传统理论，致力于维护自由市场和竞争。

文《风险、不确定性与利润》中提炼出了完全竞争市场的基本条件：一是市场上有无数的买者和卖者；二是同一行业中的每一家企业生产的产品是同质的；三是企业进入或退出一个行业是完全自由的，生产要素是完全自由流动的；四是市场中每一个买者和卖者都掌握了与自己经济决策有关的商品和市场的全部信息，即不存在信息不完全或信息不对称的情况；五是不存在外部性；六是交易具有平等性和独立性。

二、帕累托效率

瓦尔拉斯的学生和接班人帕累托（Vilfredo Pareto，1848—1923 年）沿袭了一般均衡理论，并将其延伸到不同政策的福利分析中，开创了现代福利经济学。帕累托的经济思想主要体现在他于 1906 年出版的《政治经济学手册》中。

帕累托致力于研究如何评价一个经济体的资源配置效率问题，他指出如果资源配置的某种改变使一个人的状况变好，而其他人的状况没有变坏，那么这种改变就会增进社会福利，现代经济学称这种福利改进为"帕累托改进"。当不存在能够使某个人的状况变好而不使其他人的状况变坏的任何变化，即不存在帕累托改进空间时，就实现了资源配置和社会福利的最优化，这种最优状态被称为"帕累托最优"（Pareto Optimality）或"帕累托效率"（Pareto Efficiency）。

为分析资源最优配置的实现条件，帕累托运用了"无差异曲线"的概念，该概念最早由英国牛津大学的数理经济学家埃奇沃斯在 1881 年出版的《数学心理学》一书中提出。埃奇沃斯通过无差异曲线分析得出结论：两种不同商品所有者之间的交换在两个人的等效用曲线（即无差异曲线）相切时实现总效用最大化，而在切点之外的所有点，存在使一个人的效用增加而不使另一个人效用减少的可能。帕累托改进了埃奇沃斯的无差异曲线，使无差异曲线无须建立在效用可度量（即现在所谓的"基数效用"）的基础上，而只需比较效用的大小（即现在所谓的"序数效用"）。在帕累托的无差异曲线分析中，最优化的条件是两种商品的边际替代率相等。帕累托的无差异曲线和最优化条件的表述为现代无差异曲线分析奠定了直接的基础，不过，运用无差异曲线表述最优化的现代分析图在现代经济学中还是被命名为"埃奇沃斯盒装图"（Edgeworth Box），以纪念埃奇沃斯对无差异曲线分析的开创性贡献。

帕累托最优成为衡量社会福利的标尺，后来的经济学通过了更严格的数学证明：完全竞争的市场能实现帕累托最优（福利经济学第一定理），具有帕累托效率的资源配置可以通过市场机制来实现（福利经济学第二定理）。

三、庇古与福利经济学

马歇尔的学生和接班人庇古（Arthur Cecil Pigou，1877—1959 年）是现代福利经济学的另外一位创始人，他扩展了马歇尔经济学的福利含义。庇古对穷人怀有强烈的人道主义关怀，在 1920 年出版的《福利经济学》一书中，庇古希望运用局部均衡分析为政府实施提高福利的各种措施提供理论基础。

庇古的福利分析中最具有代表性的贡献是他对私人成本与社会成本、私人收益与社会收益的区分，他指出并不是所有的竞争性市场都能产生使社会总福利最大化的最优产出水平。私人成本（收益）与社会成本（收益）的不一致性被称为"外部性"（Externality），在存在负外部性的情况下，即当社会成本大于私人成本时，竞争性市场的产出水平大于社会最优的产出水平；反之，在存在正外部性的情况下，即当社会收益大于私人收益时，竞争性市场的产出水平小于社会最优的产出水平。为了实现社会最优的产出水平，庇古提出的解决方案是政府通过税收或补贴的方式，将外部成本（收益）内部化，即著名的"庇古税"。

庇古还分析了收入再分配、税收的社会福利含义。另外，庇古拓展了杜皮特的价格歧视分析，将价格歧视分为三类：一级价格歧视，即垄断者向每个消费者收取等于其支付意愿的价格；二级价格歧视，即垄断者对部分产品收取高价，对其余产品收取低价（如数量折扣）；三级价格歧视，即垄断者对不同的消费者群体（如不同地区）收取不同的价格。

第二节 新古典主义货币、利息和经济周期理论

费雪和维克塞尔等新古典经济学家将供求均衡的思想运用到货币和利息的分析中。在均衡状态下，储蓄等于投资，银行利率等于自然利率，货币供给等于货币需求，总体价格水平稳定。新古典主义坚守了古典主义的总量均衡理论，认为不存在所谓的"经济周期"，并坚信可以通过控制货币数量和利率水平来稳定价格和消除经济周期。

一、庞巴维克的利息理论

门格尔的另一位学生庞巴维克（Eugen von Bohm-Bawerk，1851—1914 年）① 坚持了门格尔的价值理论②，并同样认为生产资料的价值取决于最终产品的价值，而最终产品的价值取决于边际效用。庞巴维克将研究的重点放在资本和利息上，于 1889 年出版了《资本实证论》等书。

庞巴维克对经济思想的一个突出贡献是引入了时间因素。他认为人们由于想象力和意志力有限，不能抵抗当前的奢侈行为，即使意识到了未来的需求，也会因为未来充满不确定性而更倾向于当前消费，因此，现在的产品通常比同一种类型和同一数量的未来的产品具有更高的价值。基于这一判断，庞巴维克认为利息是将未来价值折合为现在价值的一种折扣，即未来价值转换为现在价值的贴现率（Discount Rate）。比如，假设现在 100 元的价值和一年后 110 元的价值相等，那么贴现率（利息率）为 10%。

在庞巴维克看来，资本是一种"迂回的生产"。比如，为了捕获更多的鱼，人们不是直接捕鱼，而是迂回地生产资本品——渔网。当越来越多的资本品被生产出来并应用于制造最终产品时，生产过程就更加迂回。迂回生产较高的生产率为正的利息率提供了可能，利息从企业家手中流入资本家手中，因为资本家为迂回生产或者说需要使用资本的生产提供了资金。

---

① 庞巴维克是维也纳大学政治经济学教授，曾在奥地利政府中担任财政部长，他是维塞尔的妹夫。
② 1896 年庞巴维克专门出版了批判马克思劳动价值论及其体系的著作《卡尔·马克思及其体系的终结》。

二、费雪的利息理论和货币数量论

美国耶鲁大学的经济学家费雪（Irving Fisher，1867—1947 年）采用了庞巴维克利息理论中的基本概念，但他的分析运用了新古典经济学的供求均衡方法。费雪在 1907 年出版的《利率》一书中集中分析了利率如何决定，他在 1930 年修订和扩展了该书，并把书名改为《利息理论》。

（一）均衡利率

费雪认为利息不仅是资本的收入，还是考察各种收入流量的一种方式：地租的收入流量与土地的资本化价值进行比较，收益就是利息；工人工资的收入流量与劳动力的资本化价值（人力资本）进行比较，收益就是利息。基于这一视角，费雪声称地租与利息（工资与利息）仅仅是度量相同收入的两种方式，利息不是收入的一部分，而是收入的全部。收入流量按照利息率进行贴现即为资本价值。

费雪认识到两个因素的相互作用决定了利率：一是不耐心程度（Impatience Rate），即放弃未来消费（收入）以获得现在消费（收入）的社会意愿程度；二是投资机会率，即可利用的投资机会和用来生产最终产品的（资本）要素的生产力。随着储蓄和投资的增加，一方面，投资回报率因边际收益递减规律趋于下降；另一方面，现在消费相对价值趋于上升（不耐心程度）。当投资回报率与社会为了未来消费而愿意放弃现在消费的利率相等时，就产生了均衡利率。在均衡利率上，人们希望借入的数额与人们希望贷出的数额相等，储蓄等于投资。费雪进一步指出均衡状态下的实际利率与货币利率或名义利率存在差异，两者的差额为预期的通货膨胀率。通货膨胀率对名义利率的影响现在被称为"费雪效应"。

（二）货币数量论

费雪在 1911 年出版的《货币的购买力》中用交易方程式表达了货币数量论的思想，即著名的"费雪方程式"（Fisher Equation）：$MV+M'V'=PT$。其中，M 为流通中的货币，V 为通货的流通速度，M'为活期存款，V'为活期存款的流通速度，P 为价格水平，T 为交易数量。费雪认为交易数量和货币流通速度独立于货币数量，货币数量增加的正常效应是整体价格水平恰好成比例的增加，而不会明显地影响货币的流通速度和交易数量。与费雪方程式并联的另外一个版本的交易方程式是由马歇尔提出的"剑桥方程式"：$M=kPT$，其中，k 为人们希望以现金形式持有的收入部分。剑桥方程式中的 k 实际上就是费雪方程式中货币流通速度（V）的倒数。

按照货币数量论，稳定总体价格水平从而稳定经济的做法是控制货币数量。与大多数货币主义者一样，费雪相信是价格变动引起了经济波动，而不是经济波动引起了价格变动，通过控制货币数量来稳定价格可以避免经济周期。费雪用树枝的摇摆来比喻经济波动：一个外力作用将导致树枝有一个摇摆运动，但如果没有进一步的干扰，这种摇摆很快会停止，树枝将再次恢复静止状态。同样地，经过一个方向或者其他方向的干扰之后，经济会像树枝一样摆回其正常位置。费雪因此宣称绝不相信所谓的经济周期。

三、维克塞尔的自然利率与价格

瑞典人维克塞尔（John Gustav Knut Wicksell，1851—1926 年）因对社

会问题和改革的兴趣而研究经济学。庞巴维克的《资本实证论》对他的经济思想产生了深远的影响，促使他在 1896 年着手货币问题研究。维克塞尔发展了宏观均衡的经济思想，这使他成为斯德哥尔摩经济学派之父。现代宏观经济学的创始人凯恩斯也称赞维克塞尔是他思想的一位重要先驱者。不过，维克塞尔的经济分析整体上处于新古典主义传统之内。

在研究货币问题时，维克塞尔将注意力转向了利率。他认为正常利率或自然利率取决于资本的供给和需求。对借贷资本的需求和储蓄的供给恰好相等（即投资等于储蓄），并且或多或少与新创造的资本的预期产出相一致，这时的利率就是正常利率或自然利率。如果资本使用的前景变得更好，需求将会上升，利率也会随之提高，而这将刺激储蓄，同时企业对资本的需求也会收缩，直到在略高的利率上达到一个新的均衡。

如果银行利率小于自然利率，则储蓄就会相对减少，消费需求增加。与此同时，企业家会寻求更多的资本投资使生产要素价格提高，从而使消费品价格上升，而价格上升的预期将加剧通货膨胀。反之，如果银行利率大于自然利率，则储蓄增加，投资减少，总体价格水平下降，而价格下降的预期将加剧通货紧缩。在 1898 年出版的《利息与价格》一书中，维克塞尔在经济思想史上首次提倡用控制银行利率的方法来稳定总体价格水平，进而稳定经济。

第三节 新古典主义批判

在新古典主义经济思想成为正统并盛行的同时，也出现了其质疑者和异见者。制度主义者认为现实经济运行并不存在新古典主义的静态均衡，因为经济活动与制度密切相关，而制度随时间的变化而发展。制度主义者经由对新古典主义的质疑批判资本主义制度，主张革命或制度变革。奥地利学派同样质疑新古典主义的静态均衡并重视制度，但与制度主义者完全相反，他们信奉自由市场和自然秩序。

一、凡勃伦与制度主义

（一）凡勃伦的制度主义

凡勃伦（Thorstein Bunde Veblen，1857—1929 年）先后师从经济学家克拉克和美国社会学奠基人之一、社会达尔文主义倡导者萨姆纳①，但他却与马克思一样，批判正统经济思想和资本主义制度。凡勃伦创造了"新古典主义"（Neo-classicism）这一术语，他认为从亚当·斯密到马歇尔，正统经济学的基本假设和预见都是一样的，都认为均衡状态下的市场所产生的结果是最优的，经济系统存在"改良性趋势"，朝着一个事先设定却在经验上达不到的目标（长期均衡）运动。凡勃伦认为经济和社会进化不存在事先的目的或者设计，而是随着时间的推移而得到发展。凡勃伦主张静态的均衡分析应该被一种动态的关于经济和社会进化的修正的达尔文分析取代，他认为经济学不仅应当研究价格的形成和资源的配置，而且应当研究演进的制度结构——特定时期被广泛接受的思想习惯。凡勃伦

---

① 萨姆纳（William Graham Sumner，1840—1910 年）把新教伦理、古典经济学和达尔文的自然选择三种资本主义的文化传统相结合，面对财富集中的经济社会现实，他认为百万富翁是自然选择的产物。社会达尔文主义者认为人类应该遵循自然法则而不应该试图去愚弄自然，他们和正统经济学家一样反对政府干预、主张自由放任。

因此成为制度主义（Institutionalism）的创始人。

　　凡勃伦认为正统经济学是不科学的，因为假定很多东西是既定的或者不变的（如消费者偏好、社会和经济组织等）。在凡勃伦看来，经济学假定个体追求利益最大化的结果会改进社会利益在他所处时代的经济社会环境中已经不再成立。19世纪后期大规模生产和金融寡头的兴起，使凡勃伦质疑他们追求利润的行为对社会的有益性，进而否定了亚当·斯密"看不见的手"的和谐机制。在分析19世纪90年代的美国工业社会时，凡勃伦认为工业巨头追求利益的经营活动与对社会有益的产品生产并不是相一致的，甚至是对立的。凡勃伦在1899年出版的《有闲阶级论》一书中对当时社会中资本家的生活方式和习惯进行了尖锐的讽刺，其中最著名的是"炫耀性消费"：通过消费卖弄自己的财富①。针对企业家主导下追求利润最大化的生产无效率和炫耀性消费下的社会浪费，凡勃伦设想了一种工程师逐渐形成一种"阶级意识"，通过大罢工夺取权力并为公共利益经营工业的情景。

（二）康芒斯的制度经济学

　　康芒斯（John Rogers Commons，1862—1945年）是20世纪早期又一位具有影响力的制度主义者，其代表作是1924年出版的《资本主义的法律基础》和1934年出版的《制度经济学》。康芒斯制度分析的逻辑起点和正统的价格理论一样都是交易，但他反对新古典主义单一的、静态的、演绎的方法。康芒斯区分了三种类型的交易：一是买卖交易（Bargaining Transaction），即竞争性市场交易；二是管理交易（Managerial

---

① 在现代经济学中，炫耀性消费物品被称为"凡勃伦商品"，某些人对凡勃伦商品可能会拥有向上倾斜的需求曲线。

Transaction），指管理者与被管理者之间的交换关系；三是配给交易（Rationing Transaction），若干参与者之间通过协议将收益和负担分配给集体（如国家征税）。康芒斯把制度界定为控制、解放、扩展个体行动的集体行动，包括风俗、习惯和法律等。他认为大部分经济活动并不是个体活动，需要规则来解决冲突和维持秩序，而历史变革所产生的新冲突使解决冲突的规则不断演进。在政策主张上，康芒斯倡导必要的政府干预，以取得合意的社会结果，如防止经济萧条的货币政策、保护劳动组织权力的立法、健康和意外保险、公用事业管制等。

（三）加尔布雷斯的计划体系

对新古典主义的制度主义批判并没有停留在凡勃伦和康芒斯这里，而是继续延续，其中最具有代表性的是加尔布雷斯（John Kenneth Galbraith，1908—2006 年），他从事经济学创作的主要目标就是取代新古典主义。加尔布雷斯认为在美国现代资本主义经济中，已经在传统的市场经济体系之外产生了另外一套计划体系，这套计划体系是指大约 1000 家最大的工业企业对经济总量的贡献份额甚至超过剩下的（1000 多万家）企业的总和。在现代工业体系中，新古典主义不再有效。一方面，消费者不再占据主导地位，因为大公司可以通过大量广告等方式人为制造需求，塑造消费者偏好。另一方面，所有权与控制权相分离的大型企业由所谓的技术结构阶层（包括高管和技术专家团队）控制，其目标不再是追求利润最大化，而是在满足保护性目标（使大多数股票持有者满意）下追求积极性目标——增长，即产出、销量和收入的增长。加尔布雷斯因此认为新古典经济学模型描述了一种并不存在的弊病（高的寡头垄断价格和受限制的产出），因为它假设了一个并不被追求的目标（利润最大化）。在政策主张上，加尔布雷斯也认识到了在现代经济中扩展政府功能的必要性。在 1973 年出版的《经济学与公共目标》一书中，他主张通过政府从技术结构阶层手中夺取对经济中计划体系（即大工业企业）的控制权，以确保它们为公共目标服务。

二、奥地利学派

从门格尔开始，奥地利学者对动态竞争而非对市场均衡的关注，对制度分析而非对数学方法运用的重视，使得奥地利学派的经济思想有别于新古典主义，尽管门格尔和维塞尔等因在边际分析上的贡献而被认为是新古典经济学的奠基者。

米塞斯（Ludwig von Mises，1881—1973 年）和哈耶克（Friedrich August von Hayek，1899—1992 年）坚持并发展了门格尔不同于新古典主义的有价值的见解。他们将个人视为有目的活动者，而不是单纯的功利主义机器，认为不存在一个静态均衡的效率基准。个人活动于一个不断变化、具有高度不确定性且信息有限的环境中，市场和竞争过程的一个重要作用就是发现先前不可利用的知识。企业家的重要作用是发现和获取新的盈利机会并因此获得高利润回报，市场倾向于将经济事务的管理委托给那些成功地满足了消费者最紧迫需求的企业家。当然，在动态的竞争过程中，高利润会随着时间的推移而消失，同时出现新的企业家。企业家精神是实现动态经济福利的一个最主要的方面。奥地利学派的政策主张是信奉经由市场发展起来的自发秩序（Spontaneous Order），认为市场可以更加有效地解决经济问题。

第四篇
从新古典经济学到现代经济学

不同于制度主义者对新古典主义的否定，主流经济学界在马歇尔经济学的基础上进一步推动了经济学的发展，正如著名经济思想史学家布劳格①所指出的，新古典经济学在 20 世纪 40 年代和 50 年代如此激进地改造自身，以至于人们应当为战后的正统经济学创造一个全新的标志。这种改造和发展始于 20 世纪 30 年代，主要沿着三条主线展开：一是对新古典经济学的形式主义革命，将经济理论数学化，并发展出了更为严密的一般均衡理论；二是放宽完全竞争的前提条件，发展出了一系列更加贴近现实的经济学模型；三是在凯恩斯革命的基础上，发展出了基于总量分析的现代宏观经济学。前两条主线的内容构成了现代微观经济学。

---

① 布劳格（Mark Blaug, 1927—2011 年）是当代最伟大的经济思想史学家之一，其代表作有《经济理论的回顾》《经济学方法论》《凯恩斯以前的 100 位著名经济学家》等。

第十一章　从新古典经济学到现代微观经济学及其应用

新古典经济学从微观经济主体（消费者、厂商）开始的分析传统是现代微观经济学（Microeconomics）区别于从总量分析开始的宏观经济学（Macroeconomics）的核心标志。现代微观经济学从新古典经济学发展而来，并得到了重要的进化，这种进化主要体现在两个方面：一是经济理论和经济思想的数学化与形式化，并在此基础上发展出了现代需求理论、生产理论和一般均衡理论；二是在应用经济学领域基于对完全竞争前提假设条件的放松发展出了不完全竞争经济学、新制度经济学、信息经济学等新的经济思想和经济理论。

第一节　新古典经济学的形式主义革命

与马歇尔反对数学运用相反，新古典理论经济学家转向古诺、瓦尔拉斯、埃奇沃斯和帕累托等的传统，用更准确的数学分析表达经济理论和经济思想，将经济分析形式化。当今大学本科微观经济学教科书中表达经济理论的几何方法（各种曲线）在 20 世纪 30 年代早期开始盛行。20 世纪 30 年代后期和 40 年代早期，形式主义方法超越了马歇尔方法，成为主流。其中，英国经济学家希克斯[①]的《价值与资本》和美国经济学家萨缪尔森的《经济分析基础》[②] 这两本著作集成了形式化的经济理论和经济思想，使所有的形式主义片段成为一个整体。到 20 世纪 50 年代，阿罗和德布鲁的一般均衡研究完成了新古典经济学的形式主义革命。

一、希克斯

希克斯（John Richard Hicks，1904—1989 年）先后任教于伦敦经济学院、剑桥大学、曼彻斯特大学和牛津大学。希克斯对经济学的贡献是技术性的，是当代大多数经济学家工具箱中的必备之物，被萨缪尔森赞誉为"经济学家的经济学家"。

（一）需求理论

希克斯在伦敦经济学院工作期间，经由罗宾斯了解到了欧洲大陆的经济学动态，尤其是瓦尔拉斯和帕累托的经济思想。1934 年希克斯与艾伦（Roy George Douglas Allen，1906—1983 年）合作发表《价值理论的重新审视》一文，重新用公式表达了需求理论，使需求理论不建立在效用的基础上，因为效用概念过于抽象，且无法测量。希克斯用帕累托的无差异曲线替代"个人偏好"这个概念，在消费者面对两种商品的情境下，凸

---

① 该书完成于 1941 年，受第二次世界大战影响，到 1947 年才正式出版。
② 希克斯和萨缪尔森分别获得 1972 年和 1970 年诺贝尔经济学奖。

向原点的无差异曲线意味着两种商品此消彼长的不同数量组合对于消费者而言是无差异的，即效用相等。与地图上的等高线类似，一组向外移动的无差异曲线代表了效用水平从低到高排列。消费者能够达到的最高水平的无差异曲线取决于其预算约束，即两种商品的价格与数量的乘积之和等于总预算支出。在预算约束线与无差异曲线的切点处实现消费者效用最大化，此时，商品的边际替代率等于价格比。如果其中一种商品的价格下降，则意味着预算约束线向外转动，消费者将购买更多数量的该商品。由此，希克斯证明了从无差异曲线和预算约束就可以推导出需求曲线，无须使需求理论建立在不可测量的边际效用的基础上。

希克斯进一步区分了价格变化对需求影响的不同效应：收入效应和替代效应。其中，收入效应是指因商品价格下降（上升）使消费者相对收入水平提高（下降）而增加（减少）的那一部分需求；替代效应是指因商品价格下降（上升）使其更加便宜（昂贵）而增加（减少）的那一部分需求。收入效应与替代效应的区分有助于分析需求曲线向下倾斜的正常品和需求曲线向上倾斜的吉芬品[1]。

（二）一般均衡理论

1939 年希克斯出版了著名的《价值与资本》，在该书中，希克斯在消费者行为理论的基础上重新表述了一般均衡理论。他把消费者在预算约束下最优化选择的逻辑和方法延伸到生产者行为选择上，通过等产量曲线揭示了生产者在要素投入约束下的最优生产要素组合选择，此时，要素的边

---

[1]　英国人吉芬（Robert Giffen，1837—1910 年）于 19 世纪发现，1845 年爱尔兰发生灾荒，土豆价格上升，但是土豆的需求量反而增加了，这一现象在当时被称为"吉芬难题"。这种需求量与价格呈同方向变动的特殊商品也因此被称作"吉芬物品"。

际技术替代率等于要素价格比；通过转换曲线揭示了成本约束下的最优产品数量组合，此时，产品的边际转换率等于边际成本比，而生产者利润最大化要求两种产品的价格比等于边际成本比，即生产者利润最大化的实现条件为产品的边际转换率等于其价格比。运用埃奇沃斯盒装图，希克斯进一步揭示了社会福利最大化要求所有消费者的边际替代率相等，所有生产者的边际技术替代率相等，所有生产者的边际转换率相等。这样，希克斯完成了竞争性商品市场和要素市场一般均衡状态的表述：所有商品生产者的边际转换率等于消费者的边际替代率等于价格比，要素投入的边际技术替代率等于要素价格比，消费者实现效用最大化，生产者实现利润最大化。

在《价值与资本》中，希克斯将代数分析放到附录中，正文中涉及的数学部分为有限的几个图表，数学水平有限的经济学家也能读懂，该书因此广为流传，恢复了人们对一般均衡理论的兴趣。

二、萨缪尔森

就在希克斯撰写《价值与资本》的同时，美国的萨缪尔森（Paul Anthony Samuelson，1915—2009 年）也在撰写他的博士论文《经济理论的运算要义》，论文完成于 1941 年，并于 1947 年以《经济分析基础》为名出版。萨缪尔森运用数学语言系统地表述了经济理论，为现代数理经济学奠定了基础，在经济学从文字表达加图表分析转向用现代数理分析方法的形式化过程中做出了开创性贡献。萨缪尔森成为美国经济学会克拉克奖的首位获得者，也是第一位获得诺贝尔经济学奖的美国经济学家。

萨缪尔森认为均衡就是求解最大化问题，基于此，他运用代数和微积分研究企业成本最小化和利润最大化、消费者效用最大化和社会福利最大化等问题，通过一阶条件揭示均衡状态，通过二阶条件揭示均衡的稳定性。萨缪尔森的数理经济分析为经济学提供了一种更加稳固的理论基础，塑造了适用于研究生的高级微观经济学[1]。

三、阿罗—德布鲁模型

经济学的进一步形式化超越了微积分。1954 年阿罗（Kenneth Joseph Arrow，1921—2017 年）和德布鲁（Gerard Debreu，1927—2004 年）联合发表了一篇具有划时代意义的文章——《竞争性经济中均衡的存在》，运用集合论探讨了希克斯和萨缪尔森都没有处理的竞争均衡的存在性问题。1959 年德布鲁在其出版的仅 102 页的代表作《价值理论：对经济均衡的公理分析》一书中进一步完善了构建在集合理论和凸性分析基础上的稳固的一般均衡理论大厦。阿罗和德布鲁因在一般均衡理论方面的突出贡献分别在 1972 年（与希克斯共同）和 1983 年获得诺贝尔经济学奖。

第二节　不完全竞争经济学

在竞争性市场均衡理论通过形式主义革命不断完善的同时，批评者指出完全竞争状态是一个高度抽象和简化的世界，经济学家越来越倾向于认为完全竞争模型为理解竞争的本质和结果提供了重要的洞见及福利（效

---

[1]　萨缪尔森还编写了一本适用于本科生的被广泛持久采用的经济学教科书。

率）评价的基准，但它并不能准确地解释现实经济中的市场运行问题。为了弥合完全竞争理论与现实世界之间的鸿沟，经济学家逐步发展出了不完全竞争经济学，以使经济理论更加贴近现实。

一、先驱者：双寡头竞争模型

早在古典经济学时期，法国的古诺就探讨过双寡头（Duopoly）竞争问题，只是在很长一段时间内没有引起关注。1883 年法国数学家伯特兰（Joseph Bertrand，1822—1900 年）提出了一个双寡头价格竞争模型，推导出了被称为"伯特兰悖论"（Bertrand Paradox）的均衡结果：双寡头价格竞争的结果与竞争性均衡一样，价格等于成本。为了解决伯特兰悖论，埃奇沃斯在 1897 年发表了《关于垄断的纯粹理论》一文，在双寡头价格竞争中引入生产能力约束，提出了埃奇沃斯模型。埃奇沃斯模型表明，在特定的生产能力约束下，双寡头价格竞争没有均衡结果，市场价格在一个区间内波动，波动的范围与生产能力约束的大小相关。1934 年，德国的斯塔克尔伯格（Heinrich Von Stackelberg，1905—1946 年）出版了《市场形式与均衡》，重点关注了双寡头市场，但与古诺模型不同，斯塔克尔伯格假设其中一家企业为产品领导者，另一家企业为追随者。

二、垄断与竞争的中间地带

对完全竞争理论的系统性突破的尝试始于 20 世纪 30 年代，主要代表作品是美国哈佛大学张伯伦（Edward Hastings Chamberlin，1899—1967 年）的《垄断竞争理论》和英国剑桥大学罗宾逊（Joan Robinson，1903—1983 年）的《不完全竞争经济学》，他们被认为是垄断与竞争之间的中间地带价格理论的先驱。

张伯伦认识到现实世界中大部分市场既不是纯粹垄断的也不是纯粹竞争的，大多数市场价格是由垄断因素与竞争因素共同作用决定的。张伯伦试图将之前相互分离的垄断理论与竞争理论结合在一起，并由此发展出了垄断竞争理论。产品差异化是张伯伦垄断竞争理论的核心概念，产品差异化使每家企业的需求曲线都是向下倾斜的，企业具有一定的定价能力，而不是完全竞争市场中企业是市场价格的被动接受者。企业按照边际收益等于边际成本的法则进行生产，但是经济利润会吸引新的进入者加入该行业，直到每家企业仅获得正常利润而没有超额利润。在垄断竞争条件下，长期均衡点为企业需求曲线与平均成本曲线相切的点，此时，价格等于平均成本，但是高于完全竞争下的价格水平（平均成本曲线的最低点），而产量小于完全竞争下的产量水平。垄断竞争的结果是存在过剩生产能力和资源配置的效率损失。

作为人类历史上最著名的女性经济学家，罗宾逊（又称罗宾逊夫人）在张伯伦的著作出版几个月之后出版了其著作《不完全竞争经济学》①。罗宾逊认为消费者的偏好具有非常大的差异性，这是不完全竞争的来源。罗宾逊通过引入边际收益的概念来分析不完全竞争市场的价格和产量决定问题。在不完全竞争市场中，企业的边际收益和平均收益随着产量的增加而下降，且边际收益小于平均收益，在边际收益等于边际成本处实现企业均衡。罗宾逊还分析了产品市场和资源市场上买方垄断的结果。

---

① 除了不完全竞争经济学之外，罗宾逊的学术研究还包括宏观经济学、经济发展和国际贸易等领域，并做出了重要贡献。

三、博弈论与寡头垄断市场

(一) 博弈论与经济行为

20 世纪 20 年代，出生于匈牙利的数学天才冯·诺依曼 (John von Neumann，1903—1957 年)[①] 开创和发展出了一种分析个体策略性行为 (两种或多个比赛者或参与者选择能够影响每一位参与者的行为或策略的方式) 的新理论——博弈论 (又称对策论，Game Theory)。1944 年冯·诺依曼与经济学家摩根斯坦 (Oskar Morgenstern，1902—1977 年)[②] 合著的开拓性巨著《博弈论与经济行为》将两人博弈推广到 n 人博弈结构，并将博弈论系统地应用于经济领域，从而奠定了这一学科的基础和理论体系。

(二) 纳什均衡

尽管《博弈论与经济行为》赢得了喝彩，但只限于一小部分精通数学的经济学家。其中一个重要原因是冯·诺依曼和摩根斯坦对当时的主流经济学家及著作嗤之以鼻。摩根斯坦猛烈抨击了希克斯的《价值与资本》，认为一般均衡理论无法为经济学提供有效的分析框架。结果，多年以来博弈论主要在数学家而不是经济学家中流行。直到 1950 年，普林斯顿大学另外一位天才数学家纳什 (John Nash，1928—2015) 在冯·诺依

① 冯·诺依曼是 20 世纪最重要的数学家之一，他于 1926 年获匈牙利布达佩斯大学数学博士学位，先后任职于哥廷根大学、柏林大学和汉堡大学，1930 年前往美国并任职于普林斯顿大学。
② 摩根斯坦是维也纳大学经济学教授，1938 年赴美国普林斯顿大学教授经济学。

曼和摩根斯坦研究的基础上，发表了《n 人博弈的均衡点》（1950 年）、《非合作博弈》（1951 年）等开创性论文，提出了纳什均衡[①]（Nash Equilibrium）（非合作博弈均衡）的概念和均衡存在定理，为博弈论的一般化奠定了坚实的基础。此后，博弈论被广泛运用于经济行为分析。

（三）寡头垄断市场

在不完全竞争市场中，寡头垄断（Oligopoly）市场是介于完全垄断与垄断竞争之间的一种市场类型，市场中产品生产和销售的绝大部分由少数几家大企业控制。每家大企业在相应的市场中占有相当大的份额，对市场的影响举足轻重。寡头垄断市场在现实经济中普遍存在。寡头垄断市场中企业的策略性行为分析是博弈论在经济行为分析中最大的"用武之地"。除前面提到的双寡头非合作博弈中的产量和定价策略外，还包括掠夺性定价、限制进入、不正当竞争等非合作策略性行为，兼并、合谋、价格操纵等合作性策略，以及广告、研发等产品差异化策略性行为。运用博弈论，经济学家广泛分析寡头垄断市场中企业策略性行为和市场均衡结果。

四、市场势力与公共政策

在不完全竞争市场中，企业具有不同程度的定价能力，如果一家企业可以将价格提高到竞争性价格水平（通常为边际成本）之上，那么，它就具有市场势力（Market Power）。20 世纪三四十年代美国哈佛大学的梅森（Edward Sagendorph Mason，1899—1992 年）及其学生贝恩（Joe

---

[①] 在一个博弈过程中，如果任意一位参与者在其他所有参与者的策略确定的情况下，其选择的策略是最优的，那么这个组合就被定义为纳什均衡。著名的"囚徒困境"就是纳什均衡的经典案例。

S. Bain, 1912—1991 年) 等用行业集中率 (Concentration Ratio, 即一个行业中前四家或前八家最大企业的市场份额之和) 等市场结构指标来衡量不同行业中企业的市场势力。他们认为行业集中率越高, 企业的市场势力就越大, 所获得的超额利润就越多, 相应地, 整个行业的经济绩效 (社会福利) 就越低。基于这一假说, 他们开展了大量的经验性分析, 并由此发展出了一个被称为 "产业组织" (Industrial Organization) 的应用微观经济学科分支。梅森和贝恩等及其学说被称为 "哈佛学派"。

基于集中度—利润率假说和经验分析, 哈佛学派主张对具有垄断特征的产业实施严格的反垄断 (又称反托拉斯) 和管制等公共政策, 以抑制市场势力。其中, 反垄断旨在促进竞争、阻止减少竞争的行为; 管制则是竞争缺失下政府对垄断企业的价格、成本、投资和产品质量等诸多方面的直接控制。不过, 倡导自由主义的 "芝加哥学派" 认为集中的市场结构并不必然意味着市场势力, 生产集中在少数几家企业手里是因为大规模生产更有效率。因此, 不能将市场集中度作为政府干预市场的依据和标准。从 20 世纪 70 年代开始, 全球掀起了一场放松管制的浪潮, 反垄断 (反托拉斯) 的积极性逐渐减弱。

五、开放经济下的市场与国际贸易理论

国际贸易是应用微观经济学的另外一个重要领域。1919 年瑞典经济学家赫克歇尔 (Eli F. Heckscher, 1879—1959 年) 在《外贸对收入分配的影响》一文中运用一般均衡的分析方法集中探讨了各国资源要素禀赋构成与商品贸易模式之间的关系, 主要结论是要素绝对价格的平均化是国际贸易的必然结果。1933 年赫克歇尔的学生俄林 (Bertil Ohlin, 1899—

1979年）出版了《区际贸易和国际贸易》一书，系统阐述了国际贸易理论体系。赫克歇尔和俄林对国际贸易的分析建立在完全竞争市场的假设上，并由此发展出了新古典贸易理论的核心——要素禀赋论（即H-O理论）。要素禀赋论对比较优势理论进行了进一步的拓展，为现代国际贸易理论奠定了基础。不过，20世纪50年代初，美籍苏联经济学家列昂惕夫（Wassily Leontief，1906—1999年）根据H-O理论，用美国1947年200个行业的统计数据对进出口贸易结构进行验证时，却得出了与H-O理论完全相反的结论：资本充裕的美国出口的劳动密集型产品多于进口的劳动密集型产品，而进口的资本密集型产品又大于出口的资本密集型产品。这个结论严重违背了要素禀赋论，因此被称为"列昂惕夫悖论"（Leontief Paradox），也叫"列昂惕夫之谜"。

针对列昂惕夫悖论，以克鲁格曼（Paul Krugman，1953年— ）为代表的一批经济学家通过引入规模经济和不完全竞争市场两个前提条件，发展出了新贸易理论。新贸易理论认为产业内贸易、发达国家之间的水平分工和贸易的迅速增长是因为产生国际贸易的动因和基础发生了变化，不再仅仅因为技术和要素禀赋的差异带来贸易。新贸易理论认为贸易利益不仅来自比较优势，还来自规模经济性、增加不完全竞争产业的竞争程度、增加产品的差异性等。但不完全竞争市场同时也产生了风险，使一国经济有可能不仅无法利用潜在的贸易得益，而且还可能在实际中遭受损失。在政策主张上，新贸易理论提出了战略性贸易政策理论，即应当对本国经济有重要促进作用的战略性产业进行扶持补贴。

第三节　新制度经济学

除了不完全竞争和市场势力之外，市场交易需要花费的成本也会导致市场失灵（Market Failure）。以交易成本为核心概念，经济学家发展出了另外一个应用微观经济学科分支——新制度经济学。不同于之前的制度主义排斥并否定新古典经济学，新制度经济学将制度分析建立在价格理论的基础上。

一、科斯与交易成本

1937 年科斯（Ronald Harry Coase，1910—2013 年）在其文章《企业的性质》中提出了"交易成本"（Transaction Costs）的概念。他认为企业之所以会存在，是因为市场交易需要花费成本，包括搜寻成本、谈判成本、契约成本等。企业是区别于市场的另外一种交易的组织方式，在企业内部通过科层式的命令来组织交易可以节约市场交易成本。

科斯在经济思想上的另外一个重要贡献同样涉及交易成本的概念。在1960 年发表的《社会成本问题》一文中，科斯认为通过"庇古税"来解决负外部性问题并不是最优的方法。他证明了只要不存在交易成本，不管产权界定给谁，最终都会通过产权的市场交易来实现资源的优化配置，这被称为"科斯定理"（Coase Theorem）。科斯定理为解决负外部性问题提供了另外一种方法——排污权交易。

二、企业、契约与产权理论

科斯的开创性贡献为经济学研究打开了一扇新世界的大门。新古典经济学把企业简化为追求利润最大化的经济个体，忽视了企业内部的组织特征，以及企业的边界。交易成本理论为打开企业这个"黑箱"提供了钥匙，企业组织逐步成为经济学研究的重要议题，其中最具有代表性的经济学家是"新制度经济学"的命名者威廉姆森（Oliver Eaton Williamson，1932—2020 年）。威廉姆森沿着科斯的思想，以交易为基本分析单位，对不同组织方式的交易成本进行了具体的经济学分析，深化研究了企业与市场之间相互替代的制度安排问题，特别是在机会主义行为动机作用下，不确定性、资产专用性和交易对象数目等对企业边界的影响。这些思想集中反映在他 1985 年出版的代表性著作《资本主义经济制度》中。正是因为威廉姆森的系统性研究，才使科斯的交易成本学说成为现代经济学中异军突起的一派。

企业组织的另一个重要的研究议题是企业的内部组织。新制度经济学家们将一系列组织关系视为契约关系，探讨了企业内部的产权结构（如所有权与控制权），不同利益主体（如股份所有者与经营者、大股东与小股东等）之间的委托—代理关系等一系列制度问题。其中，阿尔奇安（Armen Albert Alchian，1914—2013 年）和德姆塞茨（Harold Demsetz，1930—2019 年）在 1972 年发表的开创性论文《生产、信息成本和经济组织》中提出，企业在本质上是一种"团队生产"方式，让企业所有者掌握剩余索取权是一种有效的制度安排。在此基础上，他们发展出了现代产权理论。

三、制度变迁与国家发展

除了企业组织，新制度经济学家们还广泛研究了制度在经济决策中的重要作用，以及经济制度变迁。这一领域的代表性经济学家是诺斯（Douglass North，1920—2015 年）。诺斯运用新古典经济学的方法研究经济史问题，并运用产权理论来解释历史中制度变迁对经济绩效的影响，探讨经济增长、国家发展与制度变迁之间的内在联系。诺斯将产权制度、意识形态、国家、伦理道德等作为经济演进和经济发展的重要变量，建立了制度变迁理论，把新古典经济分析和制度分析有机地结合起来。诺斯的代表作有《西方世界的兴起》《制度变化与美国经济增长》《制度、制度变迁与经济绩效》等。

第四节　信息经济学

不完全信息是市场失灵的另外一个重要缘由。完全竞争理论假定市场中每一个买者和卖者都掌握了与自己的经济决策有关的商品和市场的全部信息，但在现实市场中却广泛存在信息不完全和信息不对称问题。对不完全信息（Incomplete Information）和非对称信息（Asymmetric Information）下的市场分析以及对由此引发的各种制度安排的研究，逐步形成了应用微观经济学的一个学科分支——信息经济学。

一、信息不完全与有限理性

美国芝加哥大学经济学派的领袖人物斯蒂格勒（George Stigler，1911—1991 年）是信息经济学的创始人之一[①]。1961 年他发表了题为《信息经济学》的论文，他认为消费者获得商品质量、价格和购买时机的信息成本过大，使得购买者既不能也不想得到充分的信息，从而导致同一种商品存在着不同价格。不过，斯蒂格勒认为这是不可避免的、正常的市场现象，不需要人为的干预。斯蒂格勒还将不完全信息分析运用到劳动力市场，探讨了信息对工资的影响。

由于信息的收集和加工处理都需要成本，对于消费者而言，使用简单规则来处理信息通常是有效率的，一个理性的消费者只会将信息处理到一定程度，使其边际收益等于处理诸多信息的边际成本，而不是掌握完全信息，这种行为被经济学家阿罗称为"有限理性"（Bounded Rationality）。他认为有限理性就是人的行为是有意识的理性的，但这种理性又是有限的[②]。20 世纪 80 年代以来，经济学家们广泛运用博弈论将不完全信息引入传统的最优决策模型中，用来揭示不完全信息对经济行为及均衡结果的影响。

二、逆向选择与道德风险

不完全信息导致市场失灵的两种重要情景是交易双方信息不对称条件

[①] 斯蒂格勒对经济思想的另一个重要贡献是政府管制的俘获理论（Capture Theory）。

[②] 1978 年诺贝尔经济学奖获得者西蒙（Herbert Alexander Simon，1916—2001 年）从考虑限制决策者信息处理能力的约束的视角提出了他的有限理性理论。

下的逆向选择（Adverse Selection）和道德风险（Moral Hazard）。逆向选择现象最早由阿罗在 1963 年提出，阿克洛夫（George Arthur Arthur Akerlof, 1940 年— ）在 1970 年发表的著名论文《柠檬市场：质量的不确定性与市场机制》中作了进一步阐述。阿克洛夫以旧车市场为例分析了卖者比买者更加了解产品质量的市场，结果是高质量产品退出市场，最终市场上只留下低质量产品，这种市场失灵现象被称为"逆向选择"。

道德风险的概念最早来源于海上保险，阿罗在 1963 年将其引入经济学研究中，斯蒂格利茨（Joseph E. Stiglitz, 1942 年— ）等经济学家通过保险市场分析系统阐述了逆向选择和道德风险机制，并将其结论推广到其他市场领域，其中的代表作是斯蒂格利茨和格罗斯曼在 1976 年发表的《信息与竞争价格制度》。逆向选择是关于质量的事前信息不对称，如保险公司比投保人掌握更少的关于投保人风险状况的信息，从而导致低风险的人退出保险市场，留在保险市场上的是高风险的投保人，因此保费必然较高。道德风险则是关于行为的事后信息不对称，由于交易的一方难以观测或监督另一方的行动而导致的机会主义行为风险。比如，投保人在购买了保险之后，其行为特征会更加冒险，从而对风险承担者（保险公司）造成损失。

信息不对称导致了逆向选择和道德风险问题，同时也激发了为避免逆向选择和道德风险的市场机制。这一领域的开创性研究是斯彭斯（Andrew Michael Spence, 1943 年— ）的文凭信号模型[①]。斯彭斯在 1974 年发表的《劳动力市场信号》一文中，探讨了市场中具有信息优势的一

---

① 2001 年度的诺贝尔经济学奖被授予了斯蒂格利茨、阿克尔洛夫和斯彭斯，以表彰他们从 20 世纪 70 年代就开始的在"使用不对称信息进行市场分析"方面所做出的重要贡献。

方为了避免与逆向选择相关的一些问题发生，如何将其信息"信号"可信地传递给在信息上具有劣势的另一方。

三、机制设计理论

除了不完全信息市场分析之外，信息经济学的另外一个重要议题是信息不对称下有组织的制度安排和机制设计问题。1996 年度诺贝尔经济学奖被授予了英国剑桥大学的莫里斯（James Mirrlees，1936—2018 年）和美国哥伦比亚大学的维克里（William Vickrey，1914—1996 年），以表彰他们对非对称信息下的激励理论所做的基础性贡献。"激励相容"是信息不对称下机制设计理论的核心概念，机制设计者采用什么样的机制或者制定什么样的规则才能既保证参与者参与，又能在满足个人自利行为假定的前提下激励参与者的行为满足实现社会目标的要求，这是实际经济机制设计中的核心考量。在这一领域，赫尔维茨（Leonid Hurwicz，1917—2008 年）、马斯金（Eric Maskin，1950 年— ）和迈尔森（Roger B. Myerson，1951 年— ）等做出了重要贡献，为机制设计理论（Mechanism Design Theory）奠定了基础，他们也因此获得了 2007 年度诺贝尔经济学奖。法国的拉丰（Jean-Jacques Laffont，1947—2004 年）和梯若尔（Jean Tirole，1953 年— ）将激励理论应用于政府管制领域，创建了一个激励性管制的一般框架，解决了经济管制中的信息不对称问题①。

---

① 梯若尔因此获得了 2014 年度的诺贝尔经济学奖。

第十二章 凯恩斯革命与
现代宏观经济学

如果说从新古典经济学到现代微观经济学的经济思想发展过程是建立在新古典主义基石上的补充和完善，那么，20 世纪 30 年代经济思想发展的另外一条主线则建立在新古典主义批判的基础上，具有革命性。这种批判从经济系统运行的视角看待市场失灵①，否认市场机制可以自动实现充分就业而不需要政府干预，并由此发展出了以总量分析而不是以个体分析为出发点、以整体经济系统而不是以单一市场运行为研究对象的现代宏观经济学。现代宏观经济学创始于凯恩斯革命性的经济思想和经济分析，即凯恩斯革命。

第一节 凯恩斯革命

与凡勃伦一样，凯恩斯否定"市场机制产生均衡状态下的最优结果"

---

① 第十一章所述的市场失灵主要是从单一市场的视角，属于微观经济学领域。

这一新古典经济思想，但与凡勃伦不同的是，凯恩斯并没有从制度上否定新古典主义和资本主义制度，他关注如何通过政府干预来实现经济系统的"改良性趋势"，以达到整体经济体系供求平衡和充分就业的目标。为此，凯恩斯引领了一场经济思想和经济分析史上的革命，成为"现代宏观经济学之父"。

一、凯恩斯与《货币、就业和利息通论》

凯恩斯（John Maynard Keynes，1883—1946 年）是英国剑桥大学的高材生，马歇尔和庇古都是凯恩斯在剑桥大学的老师。在第一次世界大战后的巴黎凡尔赛和平会议上，凯恩斯作为英国财政部的首席代表强烈反对强加给德国的和平方案。1919 年他选择了辞去官职，并出版了《和平的经济后果》一书，抨击了《凡尔赛条约》，认为它会给未来带来麻烦[1]。

20 世纪 20 年代，凯恩斯的研究逐步偏离马歇尔传统。在 1926 年出版的《自由放任的终结》一书中，凯恩斯指出风险、不确定性和无知会使某些大企业获利，但结果是财富的巨大不平等、失业等。凯恩斯在 1930 年出版的《论货币》一书中，从更接近维克塞尔的视角关注货币、储蓄、投资与支出水平之间的联系。

面对 1929 年股票市场投机泡沫破灭的大崩溃以及由此引发的 20 世纪 30 年代的经济大萧条，新古典主义者认为劳动力市场上工资的调整会使经济恢复充分就业，正如庇古所指出的："完全的自由竞争中……总有一股趋势力量在起作用，使得工资率能与充分就业的需求相适应。"按照新古典主义的观点，即使在经济大萧条的情况下，也无须政府干预，只需要

---

① 《凡尔赛条约》为第二次世界大战埋下了祸根。

等待自由市场力量发挥作用。而凯恩斯却坚定地认为衰退的最基本原因是缺乏新厂房和新设备，是资本投资"目光短浅"所致。凯恩斯认为如果自由市场不能保证充分就业，政府就有必要出面干预，通过引导公众消费增加利润以刺激投资，或通过直接引导企业投资、增加政府公共支出等方式，促使经济活力处于一个较高的水平。在这样的思想下，凯恩斯发展出了革命性的新思想，并于1936年出版了著名的《就业、利息与货币通论》一书。

二、流动性偏好与供需失衡

凯恩斯不同意古典经济学和新古典经济学的供求均衡观，他认为所有市场包括劳动力市场、货币市场和商品市场在充分就业水平上同时达到均衡是不可能的，实际经济在均衡附近不稳定地振荡。作为供求均衡的理论基础，萨伊定律（供给创造需求）要求货币只在交易的瞬间起作用，如果经济主体以现金或活期存款的方式持有储蓄，则萨伊定律就会被打破，新古典经济理论中均衡利率下投资等于储蓄、总支出水平（消费+投资）等于充分就业下总供给的均衡状态也就不再成立。对此，以马歇尔为首的新古典经济学家认为理性的经济人不会以现金或活期存款的方式持有储蓄。凯恩斯反对这种观点，他认为当未来不确定时，人们持有一定数量的现金是理性的，即人们存在"流动性偏好"（Liquidity Preference）。不确定下的流动性偏好打破了萨伊定律下的供求均衡格局。

凯恩斯认为利率是非流动性资产或者对流动性牺牲的报酬，也可视为流动性偏好的机会成本。当债券的利率下降到一定程度时，对流动性的偏好或持有现金并令其闲置的心态将会是无限的，这时经济处于所谓的

"流动性陷阱"（Liquidity Trap），即使利率非常低，也不会有企业去贷款或投资新项目和新设备。这种情况下，显然无法通过市场机制调节利率，使投资和储蓄之间自动产生一种平衡。相对于充分就业下的总需求和总产出，这时候存在有效需求不足。

三、凯恩斯乘数

凯恩斯认为当经济处于非充分就业状态时通过增加公共或私人投资可以提高总产出水平和就业水平。与新古典经济学认为投资增加必然意味着消费减少的零和博弈不同，凯恩斯认为消费并非取决于储蓄，而是取决于收入，即消费与收入之间存在一个"基本心理规律"：随着收入的增加，人们倾向于增加消费，但消费的增加不像收入的增加那么快，这就是所谓的边际消费倾向。在此基础上，凯恩斯引入他的同事卡恩（Richard Ferdinand Kahn，1905—1989 年）关于公共工程就业乘数的思想，提出了"投资乘数"的概念：如果政府或企业投资增加 100 亿元，总产出（总收入）因此增加 200 亿元，那么投资乘数就等于 2。投资的乘数效应来源于边际消费倾向，投资增加所产生的收入增加会带来消费支出增加，而消费支出的增加会在第二期进一步增加收入和消费支出，这样周转下去，最后收入的增加与初始投资增加的比即投资乘数为边际储蓄倾向（1-边际消费倾向）的倒数。

四、凯恩斯革命的影响

凯恩斯认为建立在萨伊定理基础上的古典理论和新古典理论是一种假设的特例，不符合现实经济社会的特征，他自己的理论才更具有一般意义。他在 1935 年写给朋友的一封信中说道："你必须知道，我相信自己正在写作一部极具革命性的经济理论方面的书——我料想不是现在，但在接下来的十年中，我确信这本书将在很大程度上革新世人思考经济问题的方式。"《就业、利息与货币通论》一经出版就产生了巨大的影响，吸引了众多年轻的经济学家，凯恩斯试图推翻古典经济学的"自我标榜"符合年轻学者推翻前人正统理论的偏好。萨缪尔森把凯恩斯经济学比作"传染了所有 40 岁以下年轻人的疾病"，40 岁及以上的人却几乎人人免疫。

当然，如果我们回顾经济思想史就会发现，1767 年斯图亚特就提出了通过政府支出或其他方式来保障供求平衡和保持就业的思想，马尔萨斯也在 19 世纪早期质疑了萨伊定律和供求自动达成均衡的思想。瑞典斯德哥尔摩学派在维克塞尔的基础上以一种与凯恩斯相似的方式研究总体的过程，分析经济萧条状态下产出和投资如何扩张以应对失业的各种政策。诺贝尔经济学奖的获得者、瑞典经济学家缪尔达尔（Korl Gunnar Myrdal，1898—1987 年）嘲笑凯恩斯经济学是"不必要的创新"。在实践中，在凯恩斯著作出版前就有好几个国家推行了凯恩斯政策主张，如开始于 1932 年的罗斯福新政。不过，从对主流经济思想的影响看，上述种种都不足以否定凯恩斯的贡献和革命性。

第二节　凯恩斯主义宏观经济学

凯恩斯革命的巨大影响使得承认市场经济中存在宏观经济性质的市场

失灵并主张通过政府干预来改善经济运行的人统一被称为"凯恩斯主义"者（Keynesianism）。不过，凯恩斯的著作被普遍认为晦涩难懂且思路不够清晰、观点不够明确，凯恩斯主义的盛行在很大程度上归功于其支持者的重新表述和阐释。其中，作为新古典经济学形式革命核心人物的希克斯和萨缪尔森在重新阐释凯恩斯理论方面也做出了突出贡献。他们使"凯恩斯的经济学"发展为"凯恩斯主义经济学"，并在 20 世纪 50—70 年代占据宏观经济学界的统治地位。学者们总是怀疑，如果没有希克斯等的贡献，那么凯恩斯理论是否会被历史淹没。

一、财政凯恩斯主义

凯恩斯的经济思想在美国的传播从哈佛大学开始，当时在美国学术界享有很高声誉的汉森（Alvin Hansen，1887—1975 年）成为 20 世纪 30 年代末凯恩斯在美国最重要的追随者，这也直接影响了他的学生萨缪尔森。1948 年，萨缪尔森用著名的"十字交叉图"表述凯恩斯的经济思想。如图 12-1 所示，经济在向上倾斜的总需求（总支出）曲线与 45°线（代表总需求等于总产出）的交点处实现了均衡，总产出水平取决于总支出，这就是所谓的"凯恩斯定律"：需求创造供给。

假定在一个经济中，保障充分就业的产出水平为 Y_1，而实际产出水平为 Y_0，此时，存在萨缪尔森所说的"通货紧缩缺口"，即凯恩斯的有效需求不足。为了实现充分就业，可以通过增加政府支出或减少税收等方式使总需求曲线上移，在 Y_1 的总产出水平上实现新的供求均衡。产出增加额（Y_1-Y_0）与政府支出增加额（d_1-d_0）的比值为凯恩斯乘数。相反地，当实际产出水平大于充分就业的产出水平时，意味着相对于供给而言需求

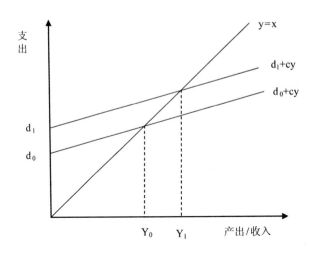

图 12-1　凯恩斯十字交叉图

过剩，存在萨缪尔森所说的"通货膨胀缺口"，此时可以通过减少政府支出或增加税收等方式紧缩总需求，从而降低价格水平。

凯恩斯十字交叉图为"二战"后美国的财政政策提供了基本的思路，通过财政手段调控宏观经济的主张和做法被称为"财政凯恩斯主义"，20世纪 60 年代初肯尼迪执政期间是美国财政凯恩斯主义的巅峰时期。

二、希克斯与 IS-LM 模型

在重新阐释凯恩斯经济思想方面取得更大成就的是英国的希克斯，他于 1937 年发表了著名的论文《凯恩斯与古典经济学》，该文用刻画古典经济理论的方法重构了凯恩斯体系，构建了后来被称为"IS-LM 模型"的最初版本。如图 12-2 所示，向下倾斜的 IS 曲线表示商品市场均衡条件下产出与利率之间的关系：利率的提高将使企业减少投资，导致产出减少；利率的降低将使企业增加投资，带来产出增加。向上倾斜的 LM 曲线表示货币市场均衡条件下利率与产出之间的关系：产出增加将会导致货币需求增加，利率上升；产出减少将导致货币需求减少，利率下降。IS 曲线与 LM 曲线的交点代表产品市场和货币市场同时达到均衡时的产出和利率水平。

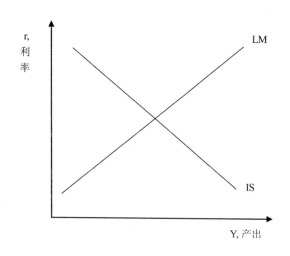

图 12-2　IS-LM 模型

希克斯认为凯恩斯体系与古典经济理论的唯一区别在于 LM 曲线的斜率。在凯恩斯的体系中，LM 曲线被划分为三部分：起初是水平的，随后向上倾斜，最后是垂直的。水平部分意味着货币需求的利率弹性无限大，即出现流动性陷阱。当 IS 曲线与 LM 曲线的水平部分相交时，任何新注入的货币将被以现金的形式储存起来。据此，希克斯得出与凯恩斯相反的结论：凯恩斯理论是古典经济理论的一个特例，只有在经济萧条的情形下，凯恩斯理论才会区别于古典理论。凯恩斯的主要贡献在于证明了在流动性陷阱下的经济萧条时期货币政策是无效的，只能使用财政政策。

三、新古典综合与新古典凯恩斯主义

对于希克斯的重新阐释，凯恩斯本人自然是不同意的，美国凯恩斯主义也一度无视 IS-LM 模型而运用"凯恩斯十字交叉图"，直到萨缪尔森改变自己的立场。萨缪尔森将希克斯体系融入到他的著名教科书中，并称之为"伟大的新古典综合"。根据 IS-LM 模型，宏观经济学家得出了更为一般化的（非流动性陷阱下）凯恩斯主义总需求管理政策：在经济不景气时，通过扩张性的财政政策（影响 IS 曲线）或货币政策（影响 LM 曲线）扩大总需求，以解决失业问题；在经济过热时，通过紧缩性的财政政策或货币政策缩小总需求，以解决通货膨胀问题。对于失业与通货膨胀的关系，20 世纪 60 年代被引入宏观经济学的"菲利普斯曲线"[①] 描述了通货膨胀率与失业率之间此消彼长的替代关系。根据菲利普斯曲线，宏观调控政策在解决失业或通货膨胀问题时相机决策，对经济周期进行"削峰填谷"。

以 IS-LM 模型为基础的总需求管理的经济思想和政策主张被称为"新古典凯恩斯主义"（Neo-Keynesian），我们今天所指的凯恩斯主义一般是指新古典凯恩斯主义，其总需求管理政策被广泛运用于各国宏观经济调控，直至今日。

---

① 菲利普斯曲线最早由任教于伦敦政治经济学院的新西兰籍经济学家菲利普斯（Alban William Phillips，1914—1975 年）在估算英国 1861—1913 年工资与失业之间的关系时提出，他发现名义工资率随失业率的提高而下降。

第三节　货币主义与新兴古典经济学

20 世纪 70 年代出现的经济增长停滞和通货膨胀并存的现象（"滞涨"）使凯恩斯主义陷入顾此失彼的两难境地：为应对失业问题，采取扩张性需求管理政策会加剧通货膨胀；为解决通货膨胀问题，采取紧缩性需求管理政策则会加剧失业程度。在此背景下，兴起了反凯恩斯主义的"反向革命"，他们的核心思想来自古典经济学家，认为市场体系具有自我调节的功能，反对政府干预，因此被称为"新兴古典经济学"。新兴古典经济学不仅在 20 世纪 70 年代掀起了宏观经济学革命，也"带火了"20世纪 60 年代被凯恩斯主义视为"古怪"的货币主义。

一、货币主义

在凯恩斯主义占据宏观经济学绝对统治地位的 20 世纪 60 年代，货币主义者（Monetarist）就发起了反凯恩斯主义的"反向革命"。货币主义经济思想主要来源于古典经济学的货币理论，认为只要保持货币供给以正确的速度增长，市场会自动达到均衡。芝加哥经济学派的领袖人物①弗里德曼（Milton Friedman，1912—2006 年）是货币主义思想流派中最杰出的代表。

---

① 弗里德曼与斯蒂格勒和贝克尔（Gary Becher，1930—2014 年）为当时芝加哥大学经济系的三巨头，他们三人分别获得 1976 年、1982 年和 1992 年诺贝尔经济学奖。

（一）货币主义主要信条

货币主义的主要信条包括：①由政府和中央银行主导的货币供给的变动是影响经济中总支出水平和经济活动的唯一可预测因素，价格或名义收入的显著变化总是由货币供给量的变化引起（经济周期往往起源于货币，通货膨胀总是货币问题）；②任意形式的政府干预——对经济活动的管制、税收、公共支出和补贴等都会干扰自由市场的正常运行；③保证长期充分就业和价格稳定唯一需要采取的政策是监督中央银行每年保持货币供给一定的增速，使其等于经济在无通货膨胀条件下潜在产出的增长率。

（二）货币需求理论

在 1956 年出版的《货币数量论研究》一书中，弗里德曼基于货币数量论方程建立了货币需求理论：经济主体对实际货币（名义货币需求除以价格）的需求与永久性收入正相关，与各种资产的收益率负相关。与凯恩斯的货币需求理论相比，弗里德曼考虑了众多资产的收益率（包括以预期通货膨胀率衡量的实物资产收益率）对货币需求的影响，而不仅仅是长期债券的利率，这使得货币需求的利率弹性降低。当永久性收入和货币流动速度都保持大致稳定时，货币需求也将非常稳定。此时，名义货币供给量与物价水平之间的古典关系将得到验证。货币流通速度及货币需求是否稳定是货币主义与凯恩斯主义争论的焦点所在。

（三）货币与经济周期

弗里德曼和施瓦茨（Anna Jacobson Schwartz，1915—2012 年）从 1948

年开始一道研究美国经济周期史上的货币因素，经过 15 年的努力，他们于 1963 年出版了巨著《美国货币史（1867—1960）》，并合作发表了《货币与经济周期》。经过大量的实证研究，他们认为货币供给与物价水平同比例变动是铁律，货币供给与名义收入之间的关系是最完备的经济学关系，古老的货币数量论可以重新用来解释经济周期波动。他们认为美国历史上所有严重的经济萧条都与货币存量绝对下降相关。

（四）通货膨胀

货币主义者引起广泛关注的最主要原因是他们对通货膨胀的解释。弗里德曼认为，无论何时何地，通货膨胀总是一个纯粹的货币现象，即只是由于货币供应量相较于实际产出量增加得更快。按照弗里德曼的说法，经济学中也许没有任何一种经验关系能像货币存量与价格的实质性变动之间的关系一样，能在如此广泛而多样化的环境中被一致性地重复观察到。据此，弗里德曼等货币主义者认为为了稳定经济而频繁进行货币政策调整是无效的，那样只会让危机继续恶化而不是改善。在货币主义者看来，通货膨胀与失业之间不存在菲利普斯曲线所预示的交替关系，货币供给量的增加所形成的通货膨胀预期会使工人要求提高工资而使实际工资率保持不变，从而保持失业率（就业率）不变。货币主义者认为避免经济波动的做法是保持货币供给按照潜在产出的增长率稳定提升①，而私人部门能够基本维持自我稳定。

---

① 弗里德曼估算出美国经济的货币存量应该按照 4%~5% 的年增长率增长。

（五）货币主义的衰落

"滞涨"现象使货币主义在 20 世纪 70 年代如日中天，但此后 10 年便很快衰落了。1982 年第二季度，维持了数十年稳定的货币流通速度突然出现大幅度波动，货币供应量与名义收入的稳定关系被打破，这意味着建立在货币流通速度稳定假设基础上的货币需求稳定这一货币主义基本假设被实证推翻了，经济学家们很快意识到，弗里德曼所宣称的坚如磐石的货币主义理论的基石其实并不牢固。在政策实践上，1979 年为了应对高企不下的通货膨胀率，美联储宣布将降低货币存量增速并更少关注利率水平，这是对弗里德曼固定规则货币政策主张的一次准自然实验。结果，经济出现了严重的衰退，失业率开始剧增，美联储不得不于 1982 年宣布放弃该政策，重新回归盯住利率的相机抉择货币政策。

货币主义衰落的另外一个重要原因是 20 世纪 70 年代兴起了一个被称为"新兴古典经济学"的宏观经济学思想流派，即"理性预期学派"，理性预期学派对凯恩斯主义经济学的方向革命更加彻底。

二、理性预期学派

20 世纪 70 年代初，卢卡斯（Robert Lucas，1937 年— ）将理性预期（Rational Expectations）假说引入宏观经济政策有效性分析中[1]，发起了一场宏观经济学的思想和范式革命，从研究议题、概念体系到研究方法都使宏观经济学发生了"脱胎换骨"式的变化。除了卢卡斯，萨金特（Thomas J.

---

[1] 最初始的理性预期理论的假设是穆斯（John Muth）于 1961 年在一篇题为《理性预期和价格变动理论》的文章中提出的。

Sargent，1943 年— ）和巴罗（Robert J. Barro，1944 年— ）等也是这次革命的主角。

（一）理性预期与货币中性

1972 年卢卡斯发表了著名的开创性论文《预期与货币中性》，通过模型证明了弗里德曼的论断：只有未被预期到货币增加才会影响产出。卢卡斯和弗里德曼都强调预期对经济主体行为的影响，不过弗里德曼的预期概念为"适应性预期"（Adaptive Expectations），即人们基于过去（历史）的信息预测未来，并利用过去预期与实际间的差距来矫正对未来的预期，使预期逐渐符合客观的过程。卢卡斯的理性预期假设经济主体对某一经济变量的主观预期与理论模型对该变量的预测一致，即模型内经济主体所做的预测不应该比构建模型的经济学家所做的预测差。基于理性预期假设，卢卡斯用一般均衡的思路构建模型，并证明了政府刺激经济活动的政策会被人们的预期给对冲掉，从而失效。而且，不同于货币主义者认为的工人名义工资的增长在长期内会抵消通货膨胀中的增长，在理性预期下，没有短期和长期的区别，工人的行为和价格及工资的变化全部立即改变。

（二）新兴古典经济学或称新的古典宏观经济学

理性预期学派重拾古典经济学的市场机制，把宏观经济分析建立在理性经济人假设的微观基础上，所有的经济个体按照自身利益最大化的原则行事，市场是连续出清的，即市场价格具有充分的灵活性，使需求和供给迅速达到均衡，不存在非意愿的供给或需求。以劳动力市场出清为例，当劳动力需求量与供给量在均衡实际工资水平上（名义工资剔除价格的影响）相等，即市场上不存在非自愿失业时，劳动力市场实现出清。市场出清后的失业是一种自愿失业，即失业者宁可失业也不愿意接受一份更低工资的工作，因为他们认为从工作中得到的工资回报不足以补偿他们损失的闲暇。此时的失业率被称为"自然失业率"（Natural Rate of Unemployment），这一概念由弗里德曼和菲尔普斯（Edmund Phelps，1933 年— ）在 1967 年几乎同时独立地提出①。自然失业率下的自然产出率和自然就业率由生产要素的供给和技术决定，与总需求水平无关，总需求政策可以改变名义变量，但对实际产出和就业没有任何影响。

由于理性预期的思想非常类似于古典经济学的市场均衡思想，理性预期学派又被称为新兴（或新的）古典学派，其经济思想和经济理论以新兴（或新的）古典经济学（New Classical Economics）或新兴（或新的）古典主义（New Classicism）而著名②，由于其研究的议题是宏观经济问题，因此也被称为"新兴（或新的）古典宏观经济学"。

（三）政策主张

在政策主张上，理性预期学派捍卫了自由放任的古典传统。他们认为凯恩斯主义的总需求管理政策是没有理论依据的政策，经济会自我修复，没有任何必要去实施扩张性的货币政策或财政政策。对于货币政策，理性预期学派与货币主义者持同样主张，他们认为保持货币供给增长率不变会使通货膨胀率稳定下来，同时不会产生未被预期到的货币供给变动，只有未被预期到的改变才会不利于稳定经济，并使经济偏离自然产出率和自然

---

① 理性预期学派接受了自然失业率这一概念，尽管菲尔普斯是理性预期学派的坚定批判者。

② 注意新兴（或新的）古典经济学和新兴（或新的）古典主义与新古典经济学和新古典主义的区别，前者研究宏观经济运行，后者主要关注资源配置效率问题。

就业率的正常水平。对于财政政策，理性预期学派反对过量的或飘忽不定的政府赤字支出，因为不稳定的财政政策会导致不确定性，让理性的经济主体很难预测到经济的发展方向。

三、真实经济周期理论

现实经济运行中周期性的经济波动是秉持市场出清的理性预期学派的最大挑战，对于周期性的经济繁荣和衰退，理性预期学派试图将其解释为货币波动的结果，一旦发生货币波动，就会使人们犯下错误并导致产量围绕长期趋势上下波动。但人们普遍认为货币波动论难以令人信服地解释类似于 1929 年经济大萧条时期的超高失业率现象。1982 年基德兰德（Fynn E. Kydland，1943 年—）和普雷斯科特（Edward Prescott，1940 年—）联合发表《建造时间与总量波动》一文，提出了"真实经济周期理论"（Real Business Cycle，RBC）。在对经济周期的解释中，真实经济周期理论以技术冲击代替货币冲击。真实经济周期理论同样建立在理性经济人假设的微观基础上，即经济主体总是能在约束条件下实现最优化。外生的技术冲击会改变生产力，对此，经济主体通过调整他的工作与闲暇以及未来消费与当前消费的配置来适应新的变化。不管冲击是何种方式，不管冲击是积极的还是消极的，经济主体都能很快地调整到最优状态。换言之，不管是经济繁荣还是经济萧条，都是经济主体应对冲击最优化选择的结果，因此是真实的经济周期。

按照真实经济周期理论，既然经济周期是经济主体对环境变化所做出的最优反应的结果，那么，任何试图消除经济周期的政策都是次优的，都会扭曲经济主体的最优化行为。真实经济周期同样建立在理性预期的假设上，所推导出的政策主张也同样反对政府干预，因此被看成是理性预期学派新兴古典经济学模型的"孪生兄弟"。

四、供给学派

（一）供给学派与减税

在凯恩斯主义的对立阵营中，还有一个在经济学理论界影响相对较小但具有广泛政策影响力的思想流派——供给学派，该学派的代表性经济学家是以"拉弗曲线"①闻名的拉弗（Arthur Betz Laffer，1941 年— ）。供给学派着重从供给方面考察经济现状并寻求对策，他们认为 1929—1933年的世界资本主义经济危机并不是有效需求不足导致的，而是当时西方各国政府实行的一系列错误政策造成的。供给学派坚信萨伊定律，拉弗极力强调萨伊定律的重大意义，他认为萨伊定律不仅概括了古典学派的理论，而且确认了供给是实际需求得以维持的唯一源泉。供给学派认为政府不应当刺激需求，而应当刺激供给，他们主张大幅度减税，因为减税能刺激人们更多地工作，刺激个人储蓄和企业投资，从而大大促进经济增长，抑制通货膨胀②。随着经济的增长，减税后政府的税收不仅不会减少，还会增多，财政赤字会自然缩小并最终消失。1981 年新当选的美国总统里根（Ronald Wilson Reagan，1911—2004 年）在其提出的"经济复兴计划"开头就声明，他的计划与过去美国政府以凯恩斯主义需求学派为指导思想的政策彻底决裂，改为以供给学派理论为依据。

---

① 拉弗曲线反映税收与税率之间的关系。
② 供给学派主张通过控制货币以保持货币价值稳定，为此他们甚至主张恢复金本位制。

（二）走自己路的蒙代尔

供给学派的先驱是被誉为"欧元之父"的蒙代尔（Robert Alexander Mundell，1932—2021 年），他在 20 世纪 70 年代初多次批评美国政府的经济政策，提出同凯恩斯主义相反的论点和主张，特别是主张降低税率，恢复生产，同时稳定美元价值以抑制通货膨胀。不过，蒙代尔抗拒将自己划分到供给学派阵营，他曾说道："从非常短期来看，我是一个凯恩斯主义者；中期来看，我是一个供给侧者；而长期来看，我是一个货币主义者。"

蒙代尔对经济学的最大贡献是对不同汇率制度下的货币政策和财政政策的分析及对最优货币区的研究①。蒙代尔在一篇开创性的文章《固定于弹性汇率下的资本流动与稳定政策》中阐述了开放经济条件下货币政策和财政政策的短期效应，为现代开放经济条件下的宏观经济学奠定了基础。蒙代尔在国际货币基金组织的同事弗莱明（John Marcus Fleming，1911—1976 年）在同时期也独立地提出了相似的思想，两者被综合为"蒙代尔—弗莱明模型"。蒙代尔—弗莱明模型在封闭经济条件下的 IS-LM 模型中引入了向上倾斜的国际收支平衡曲线（BP）：一国收入提高会导致进口增加，使本国货币流出，这会导致国际收支失衡，需要通过利率或（和）汇率调整以恢复国际收支平衡。蒙代尔—弗莱明模型指出，在固定汇率和资本完全流动条件下，由于利率和汇率保持相对稳定，一国无法实行独立的货币政策，或者说单独的货币政策基本上是无效的。这就是著名的"不可能三角"（Impossible Trinity）：一个国家不可能同时实现资

① 蒙代尔因此获得 1999 年度诺贝尔经济学奖。其中，蒙代尔在 1961 年发表的《最优货币区理论》中提出的当时被视为"激进的"甚至是"疯狂的"而后被欧元成功实践的建议：在一定区域内取消货币主权而使用统一货币。

本流动自由、货币政策的独立性和汇率的稳定性①。

第四节　新凯恩斯主义和后凯恩斯主义

　　面对新兴古典主义对凯恩斯主义的反向革命，出现了两种试图拯救凯恩斯理论的经济思想学派：一种试图吸收理性预期学派的合理性批判，基于更加坚实的微观基础重塑凯恩斯主义经济学，他们被称为"新凯恩斯主义者"。另一种认为主流凯恩斯主义经济学从一开始就没能抓住凯恩斯经济思想的核心要义，他们自称"后凯恩斯主义者"。

一、新凯恩斯主义

　　新凯恩斯主义者坚定地认为经济在短期内可能会偏离最优的均衡水平，并且货币政策和财政政策可以对真实的经济活动产生重要影响。与此同时，他们也承认之前的凯恩斯主义宏观经济模型中存在两点，即缺乏明确的微观基础并且没有对名义刚性价格进行验证，但他们并不认为这些缺陷无法修复，而是试图构造具备坚实微观基础的宏观经济模型，以调和理性预期学派与凯恩斯主义经济学之间的矛盾。1991 年曼昆（Nicholas Gregory Mankiw，1958 年— ）和罗默（David Romer，1958 年— ）在他们主编的《新凯恩斯主义经济学》一书中指出新凯恩斯主义模型承认两个

① "不可能三角"由美国麻省理工学院教授克鲁格曼（Paul Robin Krugman，1953 年— ）在蒙代尔—弗莱明模型的基础上，结合对亚洲金融危机的实证分析于1999年提出。

命题：①由于刚性的存在，货币是非中性的，即名义变量的波动会产生实际效果；②不完美市场、不完全竞争以及价格/工资黏性在解释经济周期中扮演着核心角色。

新凯恩斯主义通过抽象化的模型分析重塑了"非自愿失业""黏性"和"货币非中性"等凯恩斯主义的基本概念，他们继承了可以追溯到休谟的传统货币思想：货币在长期内是中性的，但在短期内是非中性的。因此，新凯恩斯主义者认为货币主义者与他们是一个阵营的。

在政策分析工具上，新凯恩斯主义突破了 IS-LM 模型，采用总需求—总供给的分析框架。如图 12-3 所示，当总需求由 AD$_1$ 下降到 AD$_2$ 时，由于菜单成本、效率工资等因素，价格和工资具有向下刚性，经济从点 a 移动到点 d，而不是新的古典宏观经济学所宣称的先到点 b 再到点 c。这会导致市场无法出清，存在非自愿失业的情况，而总供给曲线无法自动向右移动，因此需要政府采取扩张性的财政政策和货币政策来提高总需求。

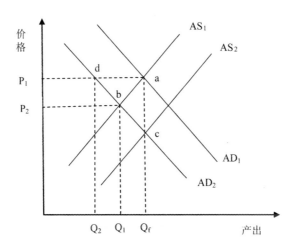

图 12-3　新凯恩斯主义：价格与工资刚性

二、后凯恩斯主义

后凯恩斯主义者由一群赞同凯恩斯但不赞成凯恩斯主义的经济学家组成，主要成员有英国剑桥大学的斯拉法（Piero Sraffa, 1898—1983 年）、卡尔多（Nicholas Kaldor, 1908—1986 年）和罗宾逊夫人等，他们自称正确理解了凯恩斯的经济思想。后凯恩斯主义在美国和意大利也获得了发展，许多后凯恩斯主义者充分吸收了波兰经济学家卡莱茨基（Michal Kalecki, 1899—1970 年）的经济思想，他在 1933 年先于凯恩斯提出了就业理论。

后凯恩斯主义者重拾古典经济学尤其是李嘉图对收入分配的关注①，他们批判收入分配的边际生产力理论②，认为收入在工资和利润之间的实际分配取决于阶级斗争、公共政策等因素，正如他们的前辈穆勒所宣称的，不同阶级间的收入分配不是由经济的自然力决定的。进一步地，后凯恩斯主义者将不完全竞争引入宏观经济理论之中，企业按照成本加成的原则制定产品价格。基于此，后凯恩斯主义认为通货膨胀并不是由过度需求导致的，而是由收入分配斗争引起的：工资的增长引发生产成本的上升，从而导致物价上涨。

后凯恩斯主义对收入分配和价格决定的观点揭示出了通货膨胀和失业并存的可能性。在政策主张方面，后凯恩斯主义认为传统的财政政策和货币政策通过削减经济活动的水平只会减少可以用于分配的收入和产

---

① 后凯恩斯主义者有时候也被称为"新李嘉图主义者"。
② 凯恩斯的学生斯拉法在 1960 年出版了一部著作，名为《用商品生产商品：经济理论的批判绪论》，在书中他认为收入分配是由属于宏观经济的力量而不是边际生产力决定的。

出的数量，会进一步加深社会冲突。他们主张第三种经济干预政策——收入分配政策：一方面，工人年平均工资的增长应该受到限制；另一方面，寡头垄断者的成本加成因子（即价格高于成本的程度）也应该受到限制。

第十三章 经济增长与发展

尽管繁荣与萧条交替的周期性经济波动是经济运行的基本规律，但从长期趋势看，实际产出的发展轨迹一般来说是向上的。随着时间的推移，一个国家或经济体的实际产出的增长（即经济增长）是现代宏观经济学的另外一个研究主题。努力实现经济增长是一个国家或地区实现从贫穷向富裕转变的经济发展的必由之路。本章介绍主要的经济增长和经济发展理论。

第一节 经济总量的衡量

对一个国家或者经济体的经济总量进行衡量是在经验上理解宏观经济的必然要求。衡量一个国家整体经济活动表现的簿记系统——国民收入和产出账户（National Income and Product Accounts，NIPA）被誉为是 20 世纪最伟大的发明之一。如今，国内生产总值（Gross Domestic Product，GDP）已经成为宏观经济学最重要的概念，它概括了一国的经济全貌。

一、探索过程

在美国，全面构建国民账户的较早尝试是由费雪的学生金（Willford King，1880—1962 年）进行的，他在 1915 年出版了《美国人民的财富与收入》。1920 年凡勃伦的学生米切尔（Wesley Clair Mitchell，1874—1948 年）创建了国民经济研究局（National Bureau of Economic Research，NBER），组织开展了国民收入数量和分配及经济周期的最早一项全面研究。米切尔的学生库兹涅茨（Simon Smith Kuznets，1901—1985 年）[①] 以"制造出的国民收入"来表示整个经济的净产品，以"得到的国民收入"来表示生产净产品的人的所得，国民收入只包括市场经济以及按市场价格估算价值的物品和服务。1934 年美国布鲁金斯学会（Brookings Institution）的沃伯顿（Clark Warburton，1896—1979 年）提出了"国民生产总值"（Gross National Product，GNP）的概念。国民生产总值将最终产品进行加总，比库兹涅茨计算的国民收入大得多，因为它还包括了用于折旧的资本品、政府为消费者提供的服务和政府购买的资本品。

在英国，1932 年克拉克（Colin Crant Clark，1905—1989 年）采用了"国民生产总值"这个概念，并在没有政府资助的情况下[②]估算了总需求的主要组成部分：消费、投资和政府支出。凯恩斯的《通论》发表后，他还计算出了乘数的大小。克拉克的主要作品是 1937 年发表的《国民收入与支出》。1940 年斯通（John Richard Nicolas Stone，1913—1991 年）和

[①]　库兹涅茨以 1955 年所提出的收入分配状况随经济发展过程而变化的曲线（即倒 U 形的库兹涅茨曲线）而闻名于世。

[②]　对于当时的英国政府而言，收入分配问题过于敏感而不敢公布这些数字，特别是工资收入份额。

米德（James Edward Meade，1907—1995 年）在凯恩斯的鼓励和支持下联合开展了国民收入核算，并每年发布一次成果。同年，希克斯在国内收入核算中引入了一个公式：GNP＝C+I+G（国民收入等于消费加上投资再加上政府支出），建立了收支恒等式，该等式逐渐成为国民收入核算的基本公式。斯通和米德还在此基础上为整个经济做了一个复式簿记账，为国民收支账户提供了更加坚实的基础。1941 年以后，美国也转而采用米德—斯通的框架。

1947 年，在斯通的工作下，国际联盟（联合国的前身）提供了一个国民收入核算框架，使不同国家可以编制可进行国别比较的国民收支账户。1953 年联合国出台了关于国民收入收支账户的标准体系。

二、国内生产总值

当今，世界各国通常用国内生产总值（GDP）作为一个国家经济总量的衡量指标，所谓 GDP 是指一个国家或经济体一年所生产的最终物品和服务的市场价格的总和。GDP 与 GNP 的区别在于本国国民在国外的收入与外国国民在本国的收入的净差额。按照总产出等于总支出的原理，GDP＝C+I+G+X，等式右边的四个字母分别代表消费、投资、政府支出和净出口。

衡量国民收入主要有三种方法：一是生产法，即所生产的最终产品的市场价格之和；二是支出法，即按最终产品的流向（消费、投资、净出口）进行汇总；三是收入法，即统计加总各种生产要素的收入（工资、利息、利润、地租、税收）。

GDP 有名义 GDP（Nominal GDP）和实际 GDP（Real GDP）之分，

名义 GDP 是按照当年实际价格（现价）计算的 GDP，实际 GDP 按照不变价格计算，名义 GDP 与实际 GDP 之比就是 GDP 价格指数，通常称为"GDP 减缩指数"（GDP Deflator）。

第二节　经济增长理论

一个国家或经济体实际产出的增长主要取决于自然资源、劳动力、资本等生产要素的数量和质量，以及各种生产要素组合的生产率。对各种生产要素的投入—产出的研究构成了以宏观生产函数为核心的经济增长理论。

一、后凯恩斯主义经济增长理论

第一代经济增长理论主要基于凯恩斯的经济思想。凯恩斯的朋友哈罗德（Roy Forbes Harrod，1900—1978 年）从凯恩斯的经济周期理论中引申出了一种经济增长理论，并于 1948 年出版了《走向动态分析》一书。同一时期，多马（Evsey David Domar，1914—1997 年）发表了包含相似思想的论文《扩张与就业》[①]。

哈罗德—多马经济增长理论假定生产过程只使用劳动和资本两种生产要素，且它们之间不能相互替代，资本产出比保持不变，即每增加一单位的资本，可以增加的产出保持不变。另外，储蓄全部转化为投资，并形成

_____

① 该文于 1947 年发表在《美国经济评论》上，1948 年多马又在该期刊发表了《资本积累问题》。

资本增加。这样，哈罗德—多马经济增长理论将经济增长抽象为三个变量之间的函数关系：$G=s/v$，其中，G、s 和 v 分别代表经济增长率、储蓄率和资本—产出比。从公式可以看出，一国的经济增长率与该国的储蓄率成正比，与该国的资本—产出比成反比。

进一步地，哈罗德—多马经济增长理论区分了经济的实际增长率、平衡增长率和自然增长率。实际增长率就是社会实际达到的经济增长率；平衡增长率是指保障资源充分利用的增长率；自然增长率是指在人口和技术都不发生变动的情况下，社会所允许达到的最大增长率。当实际增长率和平衡增长率发生偏差时，会导致经济的短期波动；当平衡增长率和自然增长率发生偏差时，会导致经济的长期波动。一旦偏差发生，就会有自我加强的趋势。实现实际增长率等于平衡增长率等于自然增长率的长期均衡增长几乎是不可能的，这种长期均衡常被形象地称为"刀刃上的均衡"。由于哈罗德—多马经济增长理论继承了凯恩斯的非均衡思想，通常被视为后凯恩斯主义经济增长理论。

二、新古典经济增长理论

1956 年索洛（Robert Merton Solow，1924 年— ）发表了分析经济增长的重要文章《对经济增长理论的贡献》。与哈罗德—多马经济增长理论不同，索洛的经济增长理论支持了新古典主义，即经济可以自动实现稳定均衡的增长，因此被称为"新古典经济增长理论"。

在索洛经济增长理论的生产函数中，资本（K）和劳动（L）是可以相互替代的，经济在人均资本（K/L）保持不变时实现平衡增长，此时，资本存量、劳动力和产出三者的增长率相同，都等于劳动力的增速（n），而人均资本和人均产出都保持不变。使资本存量（K）的增速等于劳动力增速（n）的平衡增长条件是实际投资等于平衡投资，其中，实际投资取决于实际产出和储蓄率，平衡投资表示为了维持人均资本水平所必须发生的投资。当实际投资小于平衡投资时，人均资本会上升；当实际投资大于平衡投资时，人均资本会下降。因此，从任何一点出发，经济都会向平衡增长路径收敛。

索洛进一步将技术引入到他的增长理论，他认为只有技术进步才能促使人均产出增长，劳动力和资本投入只能解释少于一半的经济增长，其余部分来源于技术进步。技术进步对经济增长的贡献被称为"索洛剩余"（Solow Residual）。不过，在索洛模型中技术进步是外生给定的，因此索洛模型有时被批评是通过假定的增长来解释增长的。

三、内生经济增长理论

由于索洛的新古典经济增长理论假定技术外生给定，未能解释长期经济增长的真正来源，20 世纪 80 年代中期产生了新一代经济增长理论——内生经济增长理论（Endogenous Growth Theory），其核心思想是将技术进步内生化，以更好地理解经济增长的真实推动因素和原因，为经济增长政策提供理论依据。内生经济增长理论由一系列模型构成，如罗默（Paul M. Romer，1955 年— ）的知识溢出模型、卢卡斯的人力资本模型等。根据经济学者对技术进步的理解不同，可将内生增长模型分成三种类型：产品种类增加型内生增长模型、产品质量升级型内生增长模型、专业化加深型内生增长模型。

第三节　经济发展理论

经济发展是一个国家提高富裕程度和人民生活水平的过程，实际产出的增长与经济发展之间并不完全画等号，经济发展的内涵相较于经济增长更为丰富。判断一个国家富裕程度的核心指标是实际人均 GDP，此外，经济发展还涉及财富分配、资源环境、发展模式和制度等问题。

一、熊彼特的经济发展理论

与凯恩斯同年出生并且在经济思想上有"瑜亮之争"的熊彼特（Joseph Alois Schumpeter，1883—1950 年）是奥地利学派维克塞尔和庞巴维克的学生，其代表作是 1911 年发表的《经济发展理论》、1942 年出版的《资本主义、社会主义与民主》，以及在他去世后由他妻子编辑并于 1954 年出版的三卷本《经济分析史》。

熊彼特创立了新的经济发展理论，认为经济发展是创新的结果，他也因此被誉为"创新理论的鼻祖"。熊彼特把创新定义为提供商品方式的变化，即实现新的组合，包括引入新的产品或者新的生产方式，打开新的市场，实行一种新的产业组织等。企业家是那些引入创新的人，是经济发展的核心推动者。如果没有创新，经济将会处于静态均衡状态，财富的积累将会停止。但是企业家的创新会创造性地破坏市场的均衡，通过创新寻求利润的企业家能够将这种静态的情况转化为动态的经济发展过程。这就是著名的"创造性破坏"（Creative Destruction）理论。

创新并不会连续发生，而是聚集性发生，最具有进取心和冒险精神的企业家的活动会创造一种有利的氛围，其他企业家会追随他们。创新的发生会带来经济繁荣，但是经济繁荣会产生对其持续前进不利的因素，价格的上升会阻碍进步，新产品与旧产品的竞争会导致企业损失，萧条将逐步取代繁荣，直到产生新一轮的创新。由此可见，经济发展的过程也是经济波动的过程，每一次的萧条都包含着一次技术革新的可能，而每一次技术革新的结果便是可预期的下一次萧条。

二、发展中国家的经济发展

第二次世界大战之后，许多殖民地纷纷独立，这些不发达国家和地区的经济发展成为经济学家关注的一个重点议题。围绕贫困落后的农业国家或发展中国家如何打破"贫困的恶性循环"[①]，实现工业化、摆脱贫困、走向富裕这一核心主题的研究逐步形成一个专门的研究领域——发展经济学。

20 世纪 40 年代末到 60 年代末，被称为"结构主义"发展思想主导了发展经济学的第一波思潮。结构主义认为发达国家收入水平高、发展中国家收入水平低的原因在于，发达国家的劳动生产率水平高，而以农业为主的发展中国家的劳动生产率水平较低。他们认为欠发达经济存在市场缺失和结构刚性的缺陷。因此，发展中国家为了实现经济发展必须依靠政府

[①] 纳克斯（Ragnar Nurkse, 1907—1959 年）提出了一个国家之所以贫困是因为它具有"贫困的恶性循环"的观点。他认为，如果贫困的国家想要获得发展，就必须通过工业化发动整个经济进行扩张，实现平衡发展，而不是依靠生产和出口原材料。

直接动员、配置资源，以发展现代化产业，这种发展战略被称为"重工业优先发展战略"或"进口替代战略"。1954 年刘易斯（William Arthur Lewis, 1915—1991 年）在《劳动无限供给条件下的经济发展》中提出的二元经济结构模型，进一步把发展中国家的刚性结构问题理论化，使之成为结构主义发展思想的最具影响的理论基础。二元经济结构模型区分了经济中的现代工业部门和传统农业部门，经济发展由现代工业部门的增长推动，传统农业部门存在剩余劳动力，可以为现代工业部门提供劳动力的无限供给，直至农业部门的劳动力由过剩变为短缺，这就是著名的"刘易斯拐点"（The Lewis Turning Point）。

"二战"后，拉丁美洲、非洲、南亚国家所采取的政策框架大都遵循结构主义主张，但增长五年或十年之后，就会陷入停滞状态，危机频发，导致与发达国家的差距不仅没有缩小，反而拉大。因此，从 20 世纪 70 年代开始，人们就开始反思结构主义发展经济学。到了 20 世纪 80 年代，"新自由主义"开始主导发展经济学的第二波思潮。新自由主义认为发展中国家与发达国家的差距不断加大的原因是发展中国家政府干预过多，造成政府失灵，市场作用未能充分发挥。新自由主义建议取消各种不当的政府干预，形成了以新自由主义为理论依据的"华盛顿共识"。

三、可持续发展

随着世界各国工业化、城市化的广泛推进，经济发展所面临的自然资源和环境容量约束日趋凸显。从 20 世纪 70 年代开始，马尔萨斯的悲观主义论调再次成为热门话题。1972 年罗马俱乐部发布了具有广泛影响力的《增长的极限》，认为如果人口、工业化、污染、粮食生产和资源消耗等按照现行的趋势继续下去，这个行星上增长的极限将在今后 100 年中发生。这种担忧与 100 年前英国边际主义经济学家杰文斯如出一辙，其悲观论调被称为"新马尔萨斯主义"（New Malthusianism）。为应对日趋严峻的资源环境问题，1980 年国际自然保护同盟（IUCN）在《世界自然资源保护大纲》中提出了"可持续发展"（Sustainable Development）的理念：研究自然的、社会的、生态的、经济的以及利用自然资源过程中的基本关系，以确保全球的可持续发展。1987 年世界环境与发展委员会（WCED）在《我们共同的未来》中将可持续发展定义为"既能满足当代人的需要，又不对后代人满足其需要的能力构成危害的发展"，产生了广泛影响。

近年来，应对全球气候变暖成为可持续发展领域最热门的话题，气候变化经济学方兴未艾。

参考文献

［1］保罗·萨缪尔森，威廉·诺德豪斯．微观经济学（第 19 版）［M］．萧琛，译．北京：人民邮电出版社，2012.

［2］大卫·李嘉图．政治经济学及赋税原理［M］．郭大力，王亚南，译．北京：商务印书馆，2021.

［3］E. 雷·坎特伯里．经济学简史：处理沉闷科学的巧妙方法［M］．礼雁冰，刘莹，宁叶子，等译．北京：中国人民大学出版社，2011.

［4］E. 雷·坎特伯里．经济学的历程（第四版）［M］．李酣，译．北京：中国人民大学出版社，2020.

［5］哈里·兰德雷斯，大卫·C. 柯南德尔．经济思想史：第四版［M］．周文，译．北京：人民邮电出版社，2014.

［6］莱昂内尔·罗宾斯．经济思想史：伦敦经济学院讲演录［M］．杨玉生，译．北京：中国人民大学出版社，2018.

［7］莱昂内尔·罗宾斯．经济科学的性质和意义［M］．朱泱，译．北京：商务印书馆，2000.

［8］罗杰·巴克豪斯．现代经济分析史［M］．晏智杰，译．四川：四川人民出版社，1992.

[9] 罗杰·E. 巴克豪斯. 西方经济学史 [M]. 莫竹芩, 袁野, 译. 海南: 海南出版社, 2007.

[10] 鲁友章, 李宗正. 经济学说史 [M]. 北京: 人民出版社, 1983.

[11] 马克思. 资本论 [M]. 郭大力, 王亚南, 译. 北京: 人民出版社, 1975.

[12] 马歇尔. 经济学原理 [M]. 朱志泰, 译. 北京: 商务印书馆, 1964.

[13] 米歇尔·德弗洛埃. 宏观经济学史 [M]. 房誉, 李雨纱, 译. 北京: 北京大学出版社, 2019.

[14] 萨伊. 政治经济学概论 [M]. 陈福生, 陈振骅, 译. 北京: 商务印书馆, 1963.

[15] 斯塔夫里阿诺斯. 全球通史 [M]. 吴象婴, 梁赤民, 译. 上海: 上海社会科学院出版社, 1999.

[16] 斯坦利·L. 布鲁, 兰迪·R. 格兰特. 经济思想史 (第8版) [M]. 邸晓燕, 等译. 北京: 北京大学出版社, 2014.

[17] 亚当·斯密. 国民财富的性质和原因的研究 [M]. 郭大力, 王亚南, 译. 北京: 商务印书馆, 2004.

[18] 英格里德·H. 里马. 经济分析史 (第七版) [M]. 陈勇勤, 刘星, 译. 北京: 中国人民大学出版社, 2016.

[19] 约瑟夫·熊彼特. 经济分析史 [M]. 朱泱, 译. 北京: 商务印书馆, 2005.

[20] Niehans J. AHistory of Economic Theory: Classic Contributions, 1720—1980 [M]. Johns Hopkins University Press, 1994.